एक कण्ठ विषपायी

एक कण्ठ विषपायी

(काव्य-नाटक)

दुष्यन्त कुमार

लोकभारती प्रकाशन

लोकभारती प्रकाशन
पहली मंजिल, दरबारी बिल्डिंग, महात्मा गाँधी मार्ग
इलाहाबाद-211 001

वेबसाइट : www.lokbharatiprakashan.com
ईमेल : info@lokbharatiprakashan.com

शाखाएँ : 1-बी, नेताजी सुभाष मार्ग, दरियागंज
नयी दिल्ली-110 002
अशोक राजपथ, साइंस कॉलेज के सामने
पटना-800 006 (बिहार)
36-ए, शेक्सपियर सरणी
कोलकाता-700 017

मूल्य : ₹ 200

प्रथम संस्करण : 2013
पुनर्मुद्रण : 2016

इण्डियन प्रेस
इलाहाबाद द्वारा मुद्रित

Ek Kanth Vishpai
by Dushyant Kumar

ISBN : 978-81-8031-793-4

: पात्र :

1. सर्वहत
2. शंकर
3. ब्रह्मा
4. विष्णु
5. इन्द्र
6. दक्ष
7. वीरिणी
8. वरुण
9. कुबेर
10. शेष
11. द्वारपाल
12. अनुचर
13. एक सिपाही
14. दूसरा सिपाही

समर्पण की बात सोचता हूँ तो मेरे सामने कई व्यक्ति आ खड़े होते हैं : श्री जगदीश चन्द्र माथुर जिनके कारण नाटकों की ओर रुचि हुई, श्री नन्दलाल चावला जिनके सम्पर्क से नाटक को समझाने का मौका मिला, मकबूल, साधना, दाभाड़े, इखलाक, कालिया जी और खुसरो भाई, जिनके सहयोग से अनेक नाटक 'प्रोड्यूस' किये, और फिर सतीश गर्ग जिसके साथ घण्टों 'प्रोडक्शन' की समस्याओं पर बहसें होती थीं और जिसके जाने के बाद नाटकों के 'प्रोडक्शन' का उत्साह आधा हो गया था।

आभार-कथा

'एक कण्ठ विषपायी' मेरा पहला काव्य-नाटक है। इसकी कथा के सूत्र एक दिन यों ही बातचीत के दौरान श्री अनन्त मराल शास्त्री ने मेरे हाथों में थमा दिये थे। उसी दिन मुझे लगा था कि जर्जर रूढ़ियों और परम्परा के शव से चिपटे हुए लोगों के सन्दर्भ में प्रतीकात्मक रूप से आधुनिक पृष्ठभूमि और नये मूल्यों को संकेतित करने के लिए इस कथा में पर्याप्त सामर्थ्य है तथा इस पर एक खण्डकाव्य लिखा जा सकता है। इसके बाद, मैंने इस विषय में जितना सोचा कथा मेरे ऊपर उतनी ही हावी होती चली गयी। और कुछ दिन बाद मैंने पाया कि मैं एक काव्य-नाटक के पहले अंक का पटाक्षेप कर रहा हूँ।

यों रेडियो की नौकरी में मात्र कौतूहल और प्रयोग के लिए मैंने दो-एक काव्य-नाटक लिखे थे, लेकिन वहाँ से त्याग-पत्र देने के बाद कभी स्वप्न में भी नहीं सोचा था कि मुझे इस विधा पर फिर लिखना पड़ेगा। अतः अब यह नाटक लिखा गया और मेरे टाइपिस्ट श्री भगवतसिंह वर्मा की तत्परता से टाइप भी हो गया तो मैंने इसे 'कल्पना' को भेज दिया—इस निवेदन के साथ कि यदि उन्हें प्रकाशनार्थ पसन्द न आये तो अपनी राय अवश्य लिखें।

इसी बीच पंजाबी के प्रसिद्ध नाटककार भाई परितोष गार्गी भोपाल आये और नाटक सुनकर उन्होंने मंच की दृष्टि से कुछ ऐसे महत्त्वपूर्ण सुझाव दिये जिनके कारण मुझे पूरा नाटक (तीसरे अंक को छोड़कर) फिर से लिखना पड़ा। परिणामस्वरूप नाटक तीन से चार अंकों का हो गया और उसमें राज-लिप्सा तथा युद्ध-मनोवृत्ति का मारा हुआ, सर्वहत नाम का, एक नया पात्र समाविष्ट हुआ जो अनायास उभरकर आधुनिक प्रजा का प्रतीक बन गया।

इस परिवर्तन से मुझे सचमुच सन्तोष हुआ और मैंने कल्पना-सम्पादक बद्री विशाल पित्ती को इसकी सूचना देते हुए पुरानी पाण्डुलिपि लौटाने के लिए पत्र लिखा। उत्तर में उन्होंने अपने एक सम्पादक की सम्मति उद्धृत की कि 'यह अन्धायुग' के बाद 'हिन्दी की सशक्त काव्य-कृति है' और लिखा है कि 'इस शर्त पर लौटा रहे हैं कि

नाटक को तीन से चार अंकों का बनाकर आप इसे 'कल्पना' के लिए ही भेजेंगे।' इस पत्र से मुझे बहुत प्रेरणा मिली, अस्तु।

उपर्युक्त सभी मित्रों का मैं आभारी हूँ।

और अब नाटक आपके हाथों में है। इसकी अच्छाइयों–बुराइयों का निर्णय आप ही करेंगे। अपनी ओर से मैं केवल इतना ही कह सकता हूँ कि मैंने पूरी निष्ठा और ईमानदारी से लिखा है।

–दुष्यन्त कुमार

वीरिणी

शिथिल व्यवस्था नहीं
हृदय की सहज-जात दुर्बलता है यह
जैसे हर मनुष्य
अपनी सामर्थ्य और सीमा के भीतर
जीवित
किसी सत्य के सहसा कट जाने पर
व्याकुल हो उठता है
या क्रोधित हो उठता है
वैसे ही आप भी दुखी हैं
अपने घर की।
सोनचिरैया उड़ जाने पर!

दृश्य : 1

[स्थान : प्रजापति दक्ष का राजकीय गौरव के अनुरूप सुसज्जित निजी कक्ष जहाँ वे अपनी पत्नी वीरिणी के साथ किसी अत्यन्त गम्भीर प्रश्न पर विचार-विमर्श कर रहे हैं।]

दक्ष : शंकर!
शंकर!!
वह, जिसने घर की परम्परा तोड़ी है,
वह, जिसने मेरे यश पर कालिख पोती है,
जिसके कारण
मेरा माथा नीचा है सारे समाज में,
मेरे ही घर अतिथि-रूप में आये?
यह तुम क्या कहती हो?

वीरिणी : स्वामी!
हमको इच्छा के विरुद्ध भी
ऐसे बहुत कार्य करने पड़ते हैं
जिनसे
लौकिक मर्यादाओं का पालन होता है।

शंकर अपने जामाता हैं।

इतना बड़ा यज्ञ
इतना विशाल आयोजन
जिसमें आमन्त्रित हैं
तीनों लोकों के प्रतिनिधि

समस्त ऋषि
और देवगण...
जिसमें सारे सम्बन्धी आये हैं
सबका अलग भाग है
उसमें जामाताओं का भी हक होता है।

दक्ष : जामाता?
मैं तो उसको सम्बन्धी कहने में
खुद को अपमानित अनुभव करता हूँ।
देवि!
क्या सम्बन्धी का यह अर्थ नहीं
कि हमारी कोमल

अथवा

मधुर स्नेह की धारा से
कोई संयुक्त हो?
क्या सम्बन्धों का निर्माण
घृणा पर,
हठ पर,
और अनिच्छा पर भी सम्भव हो सकता है?

वीरिणी : स्वामी, मैं तो अल्प-बुद्धि हूँ,
किन्तु मुझे लगता है–
लौकिक सम्बन्धों में,
इच्छा और अनिच्छा का कोई आधार
नहीं होता है।
किसी विवश-क्षण से जुड़ जाते हैं हम यों ही
फिर उससे सम्बन्ध आप ही हो जाते हैं।

अपनी कन्या ने भी शायद

किसी विवश–क्षण में
शंकर का वरण किया था।

दक्ष : वरण किया था
अथवा शंकर ने उसका अपहरण किया था?
वीरिणी : आप इसे अपहरण कहेंगे?
दक्ष : हाँ, अपहरण।
देवि!
मैं निश्चय ही इसको अपहरण कहूँगा
क्या अबोध मन को फुसलाकर
देवत्वों का जाल बिछाकर
विविध प्रलोभन देकर
उसे जीत लेना–

अपहरण नहीं है?
सती बालिका थी
अबोध थी
और अविकसित बुद्धि किशोरों–सी
थी उसके आकर्षण में।
तुम उसकी कैशौर्य–भूल को क्षम्य कहोगी
पर शंकर तो–
खुद को महादेव कहता है।

वीरिणी : सभी लोग कहते हैं स्वामी
केवल कहने भर से उनकी
अपनी महिमा बढ़ जाती है।
शंकर का देवत्व
लोक में स्वयं–सिद्ध है,
उनका संयम विश्व–विदित है
और

सती ने इसीलिए
शंकर को महादेव माना था
अपनी अनासक्ति को तजकर
दुर्वह नन्दा-व्रत ठाना था।
नाथ!
अगर किशोरोंवाला आग्रह
होता उसके आकर्षण में,
तो वह शासन के आदेशों पर झुक जाती,
एक प्रलोभन
अथवा भय से,
उसकी सब दृढ़ता चुक जाती।
अगर सचाई का बल
उसके साथ न होता
तो शंकर की
संयम-शिला कदापि न हिलती,
अपनी पुत्री सती,
इस तरह आत्म-तुष्ट या सुखी न मिलती।

दक्ष : सच है देवि!
मेरी मर्यादाओं को अपमानित करके
मेरे घर की
लोक-प्रतिष्ठा की हत्या कर
मेरे ही रक्त ने सृजन का सुख पाया है।
—यह अपवाद विरल है
लेकिन
शंकर के मोह में सती ने
अपने

अथवा अपने पति के
दुर्भाग्यों को उकसाया है।

तुमको बतलाये देता हूँ–
सारे भद्र–लोक से उसे

बहिष्कृत करके छोड़ूँगा मैं।
उन दोनों ने केवल मेरी
बाह्य प्रतिष्ठा खण्डित की है
उनकी आत्म–प्रतिष्ठा का भ्रम तोड़ूँगा मैं।
यह यज्ञायोजन विराट
उनके अभाव का श्रीगणेश है।
हर अवसर
हर आयोजन पर
अपनी अवहेलना देखकर
शंकर का देवत्व स्वयं ही झुलस उठेगा।
इतनी बड़ी उपेक्षा
और अवज्ञा
उसको सह्य न होगी।

[क्रूर हँसी हँसते हुए]

उसको अपनी महाशक्ति का बड़ा दर्प है
मेरी कूटनीति भी देखें...

[हँसता है]

[सहसा कक्ष में एक भृत्य प्रवेश करता है]

भृत्य : प्रभु!
राजकुमार सुलभ ने
अपने निजी कक्ष के द्वार बन्द कर
अभी एक चिड़िया को बन्दी बना लिया है,

कहने पर भी
उसको मुक्त नहीं करते हैं।

दक्ष : क्या कहता है?

भृत्य : कहते हैं
इससे खेलूँगा।

दक्ष : तो फिर उसे खेलने दो।

भृत्य : लेकिन प्रभु
उस चिड़िया की चीः चीः से–
उसकी कातर ध्वनि से
सारा वातावरण त्रस्त है।
नन्हें–नन्हें पंखों की कातर आवाजें
अन्तःपुर में गूँज रही हैं।
सारे भृत्य सहमकर
अपने कार्य छोड़कर
उसी कक्ष के निकट खड़े हैं।
वातायन से
सारा कौतुक देख रहे हैं।

दक्ष : उनसे कहो
कार्य पर जायें।

भृत्य : मैंने सबसे कह देखा
वे मेरी बात नहीं सुनते हैं।
कहते हैं–
कार्य के लिए है हमें शान्ति की आवश्यकता
ऐसी हाय–हाय में क्षण भर

हमसे कार्य नहीं हो सकता।
पहले इस चिड़िया को मुक्त कराओ...

दक्ष : कौन मूर्ख ऐसा कहता है
उसको मेरे सम्मुख लाओ...

वीरिणी : अच्छा सर्वहते!
तुम जाओ।
सुलभे से जाकर कह देना
महाराज की आज्ञा है यह
मुक्त किया जाये पक्षी को।
कहना–
स्वयं राजमाता आनेवाली हैं
और तुम्हारे इस कुकृत्य पर
बहुत रुष्ट हैं।
इस पर भी यदि कहा न माने
तो तुम बल–प्रयोग से
उसके द्वार खोलकर
मुक्त करा देना पक्षी को।

सर्वहत : जैसी आज्ञा।

(चला जाता है)

दक्ष : (एक पल वीरिणी की ओर देखकर)
देवि!
तुम्हारा हृदय बहुत कोमल है।

वीरिणी : और आपका बहुत वज्र है...
जो अपने ऐसे पवित्र आयोजन द्वारा

अपने जामाता को
अपना शत्रु बनाने पर उद्यत है।

दक्ष : मैंने नहीं देवि,
उसने ही
मुझे विवश करके,
अपमानित करके
अपना शत्रु बनाया,
मेरी भोली-भाली कन्या को बहकाया।

वीरिणी : लेकिन स्वामी
नर-नारी के सम्बन्धों में
इससे भी ज्यादा अनहोनी घटनाएँ
घटती रहती हैं।
परिणय, नारी की परिणति है।
और स्वयं आप ही बतायें-
क्या अपनी कन्या को
शंकर से अच्छा वर मिल सकता था?

लगता है
आपको
सती के जाने का आघात लगा है
पितृ-हृदय की ममता को
धक्का पहुँचा है।

दक्ष : (*गम्भीर होकर सोचते हुए*)
एक नहीं
मुझको अनेक आघात लगे हैं!
देवि!
यदि शंकर की सती कामना थी
तो सीधे मुझसे कहता।

देवलोक में
इतनी परिचर्चा की क्या आवश्यकता थी?
क्या आवश्यकता थी बोलो
इस रूपक के आलम्बन की
व्यर्थ प्रेम के नाम
हमारी लोक-हँसाई, बदनामी की
—परम्पराओं के खण्डन की...

इस पर भी तुम
उसे यज्ञ में आमन्त्रित करने की
अभिलाषा रखती हो?

वीरिणी : मेरा तो उद्देश्य
मात्र इतना है स्वामी—
अपना आयोजन अबाध, निर्विघ्न पूर्ण हो
सबका मंगल योग प्राप्त हो।
सबका इसमें भाग-भोग हो।
स्वामी,
यदि कैलासनाथ रह गये उपेक्षित
तो अपनी सब प्रजा क्या कहेगी?
...यह सोचें।
क्या सोचेगी सती,
...आपकी पुत्री
उस पर क्या बीतेगी?
क्या उसको मालूम न होगा—
...पितृलोक में आज—
यज्ञ का आयोजन है।
और आपने तो
उसको भी नहीं बुलाया।

दक्ष : हाँ,

उसको भी नहीं बुलाया।
ताकि उसे मालूम हो सके,
वे अपने को
अपमानित अनुभव कर पायें
इसीलिए मैंने चुन–चुनकर
हर कैलास–लोक के प्रतिवेशी को
आमन्त्रण भेजा है।

वीरिणी : क्षमा करें
पर इसमें कोई भी नैतिकता–
निहित नहीं है।

दक्ष : मुझे मान्य है
किन्तु देवि
यह राजनयिकों की भाषा है
इसकी शब्दावली अलग है।
इसमें उत्तम या उदात्त–से
भावों के अभिव्यक्तिकरण को
समुचित शब्द नहीं होते हैं।

वीरिणी : किन्तु...
सती या महादेव तो इस भाषा को
नहीं जानते।
उन दोनों की भाषा तो मेरी जैसी है।
शायद मेरी भाषा से भी
अधिक सुकोमल!
अधिक प्रेममय!!
आप अगर उनकी भाषा से
राजनीति के अर्थ निकालें
तो यह उन दोनों के ही प्रति
न्याय न होगा।

सर्वहत : प्रभु,
मैंने आदेश-बद्ध हो
बल-प्रयोग से द्वार खोलकर
मुक्त कर दिया था पक्षी को...
...तब से राजकुमार रुष्ट हैं
अपने को अपमानित अनुभव करते हैं...
भृत्यों को अपशब्द कह रहे हैं...
निजी अनुचरों को भी
अपने पास नहीं आने देते हैं।
और कक्ष का क्रम बिगाड़कर
सभी वस्तुएँ अस्त-व्यस्त कर फेंक रहे हैं।
शस्त्र लिये हैं
और मुझे दण्डित करने को खोज रहे हैं।

दक्ष : (*सहसा कुपित होते हुए*)
बिलकुल ठीक कर रहा है वह।
एक तनिक से बालक को
प्रसन्न रखने में अक्षम
तुम सब दण्डनीय हो।
जाओ तुम
मेरी आँखों के आगे से तत्क्षण हट जाओ
और...सुनो–
ये छोटी-छोटी बातें लेकर
फिर से मेरे पास न आना

[सर्वहत शीश झुकाकर चला जाता है]

देखा देवि!
अन्तःपुर की शिथिल व्यवस्था का यह फल है।

वीरिणी : शिथिल व्यवस्था नहीं

हृदय की सहज-जात दुर्बलता है यह।
जैसे हर मनुष्य
अपनी सामर्थ्य, और सीमा के भीतर
जीवित
किसी सत्य से सहसा कट जाने पर
व्याकुल हो उठता
या क्रोधित हो उठता है,
वैसे ही अपना सुलभा भी
विवश दुखी है।

[मुस्कुराकर]

वैसे ही आप भी दुखी हैं
अपने घर की सोनचिरैया उड़ जाने पर।

दक्ष : (*कटुता से तिलमिलाकर*)
देवि!
तुम्हें असमय परिहास याद आते हैं।
वही पिष्टपेषित
नारियों-सरीखी
बासी
क्षुद्र उक्तियाँ।
वे ही पिटी-पिटायी बातें...

द्वारपाल : (*प्रथानुसार प्रवेश करते हुए*)
प्रभु ने
आगन्तुक ऋत्विज
ऋषि, देव गणों की
वास-व्यवस्था के जो-जो आदेश दिये थे
उनका दोष-रहित निष्पादन

महामात्य के संरक्षण में पूर्ण हो गया।
...किन्तु द्वार पर
महामात्य का अनुचर
कोई गुप्त और अत्यन्तिक
उनका सन्देशा लेकर आया है...।
क्या आज्ञा है?

दक्ष : उसको आने दो।
द्वारपाल : जो आज्ञा।

[प्रस्थान]

वीरिणी : मेरी दायीं आँख फरकने लगी अचानक
सहसा बैठे-बैठे
मेरा जी अकुलाया।
अभी-अभी
मेरे हृत्कम्पन की गति
कैसी तेज हो गयी,
आँखों के सामने
अँधेरा-सा घिर आया।

[भयभीत होकर]

...ऐसा लगता है
जैसे कोई अनिष्ट होनेवाला है।

दक्ष : देवि!
क्या यह भी परिहास-व्यंग्य की
एक विधा है?
...अगर सत्य है
तो तुमको विश्राम चाहिए

और कुछ नहीं।
नारी का शंकालु स्वभाव सदैव
इष्ट में भी अनिष्ट की
आशंका रचता आया है।

[द्वारपाल के साथ महामात्य के अनुचर का प्रवेश]

अनुचर : (*झुककर प्रणाम करते हुए*)
प्रभु की इच्छानुसार
यथा-योग्य
सारे आमन्त्रित ऋषि,
देव और राजप्रमुख,
समुचित सत्कार
तथा सुविधा के साथ
यज्ञ-मण्डप में पहुँच गये।
सभारम्भ में यद्यपि है विलम्ब
किन्तु...
वहाँ आपकी प्रतीक्षा है।

दक्ष : क्यों?
क्या किसी अतिथि के
आवास की व्यवस्था में त्रुटि निकली?

अनुचर : नहीं देव!
वह सब निर्दोष और उत्तम है।
किन्तु...

वीरिणी : (*उत्सुकता के साथ उसके निकट आकर*)
इस प्रकार चुप क्यों हो?
बोलो...

क्या दुविधा है?
बोलो नो।

अनुचर : राजसुता...
सती
महादेव शंकर के गणों और नन्दी के साथ
यज्ञ-मण्डप में पहुँच गयीं!

दक्ष : सती?

वीरिणी : सती!
सती आ गयी?

[वीरिणी का मुख सहज उल्लास की आभा से दीप्त हो उठता है]

अनुचर : हाँ, राजमाता!

वीरिणी : तो फिर उसे यहाँ क्यों नहीं लाये?
क्या तुमको विदित नहीं
सारे अतिथियों को
यज्ञ-मण्डप में ले जाने से पूर्व,
उनके विश्रान्ति-भवन-कक्षों में
स्नान
और यात्रा के श्रम के परिहार हेतु
लाना आवश्यक है।

अनुचर : मुझे विदित है।

दक्ष : (*आवेश में*)
क्या तुम्हें विदित है

इस यज्ञ के विराट आयोजन में
उसको आमन्त्रण तक नहीं गया?

अनुचर : मुझे विदित है प्रभु,
इसीलिए महामात्य चिन्तित हैं?
प्रभु के आदेश
प्राप्त करने के लिए मुझे भेजा है।
राजसुता सती की व्यवस्था
क्या होगी प्रभु?

वीरिणी : तुम उसे तुरन्त
यहाँ ले आओ।

दक्ष : नहीं।
उसको कैलास-लोक पहुँचा दो।

अनुचर : उनको अन्तःपुर में आना स्वीकार्य नहीं।
कहती है
अनाहूत आयी हूँ
महलों में क्यों जाऊँ?
और प्रभु!
क्षमा करें
सती यज्ञ-मण्डप में क्रुद्ध
महादेव पति की अवज्ञा पर क्षुब्ध
धर्म और शासन की
मर्यादा भंग कर
अतिथि
और
आतिथेय
सबको अपशब्द कह रही है...

वीरिणी : (*सहसा क्रोध में भरकर*)

चुप हो जाओ असभ्य!
सत्य नहीं कहते हो तुम
हमको मर्यादा और धर्म समझाते हो।
जानते हो
सती के स्वभाव की कर्त्री मैं हूँ
मैं!...
मैं जानती हूँ...

[रुँधे कण्ठ से]

मैं जानती हूँ–
मेरी पुत्री क्या है
    और कैसी है...?

दक्ष : सत्य कह रहे हो तुम।
समझ गया।
    ठहरो, मैं चलता हूँ।
अनाहूत, अनिमन्त्रित लोगों को क्या हक है
आकर
आलोचना करें मेरी
और
धर्म की पवित्र मर्यादाएँ तोड़ दें।
क्या हक है
आतिथेय
अथवा अतिथियों पर क्रोधित हों
अपना विवेक और सन्तुलन छोड़ दें।
सती से अपेक्षित था
उसका या शंकर का
कोई स्थान नहीं है जब,
तो वह चुपचाप वहाँ

प्रजा में खड़ी होकर
यज्ञ का सम्पादन देखे

या लौट जाये...।
मैं अपनी मानहानि सहन नहीं कर सकता।

शंकर ने
सती को बनाकर गोट
चाल जो चली है
मैं समझता हूँ।

वीरिणी : नहीं नाथ,
यह बिलकुल मिथ्या है।
ऐसा कदापि नहीं हो सकता।
चाहे विद्रोही हो कितना भी
किन्तु रक्त अपना है।

सती
स्वयं पितृ-मोह-वश ही
यहाँ आयी है।
आपको विदित है—
वह
वह कितना स्नेह करती थी आपसे।
—इसीलिए मण्डप में
सबका स्थान और भाग देख
बुरा लगा होगा उसे।
यों ही कुछ कह बैठी होगी वह।
अपना ही अधिक लाड़ देकर उसे
क्रोधी बनाया है...

दक्ष : हाँ।
मैंने बनाया है।
किन्तु मैं तोड़ भी सकता हूँ।

वीरिणी : पर क्या तुम्हारा मन
यह करके
कहीं शान्ति पायेगा?
ज्वाला में झुलसेगा अगर फूल
तो क्या धुआँ
डाल और वृक्ष तक न जायेगा?

दक्ष : कुछ भी हो।
मैं उसको वापस कैलास-लोक भेजूँगा!
देखी है सती ने यहाँ
—पति की अवज्ञा,

और
अब अपनी पत्नी की अवज्ञा भी—
देखे शिव।

वीरिणी : नाथ!
ऐसा अविवेक पूर्ण
कोई भी कार्य यदि यज्ञ में हुआ
तो मैं शपथपूर्वक कहती हूँ
आज
और अभी
और इसी क्षण
मैं आत्मघात कर लूँगी
देखूँगी
कैसे करोगे यज्ञ नाथ!

मेरी अन्तिम विनती है यह
सती अगर आयी है
तो उसको वापस न भेजें अब!
—जाने क्यों
आप भूल जाते हैं—
सती—
मात्र पत्नी नहीं है शिव शंकर की
पुत्री भी है वह किसी की!

पत्नी का मान
नाथ!
पतियों की एक सहज आकांक्षा होती है।
आप तनिक बतलायें
मेरे संग अगर कहीं इसी तरह हो जाये
तो क्या तुम आत्मा पर
पर्वत-सा भार वहन कर लोगे?
मेरा अपमान सहन कर लोगे?
बोलो...

दक्ष : (*अतीत कोमलता से विचारते हुए*)
सच ही तुम देवि!
बहुत कोमल हो।
अपना सन्दर्भ उठाकर तुमने
मेरे ही मन में दुर्बलता जाग्रत कर दी
चुपके से अन्तर में
जाने कैसी
विवेकहीन भावना भर दी।

अब तुम विश्वास रखो प्रिये,
शिव के प्रति मेरा आक्रोश

कभी
सती पर न उतरेगा।
राजकीय गौरव के योग्य
सती
भाग–भोग पायेगी
यज्ञ में रहेगी वह।

अनुचर : प्रभु!
यह व्यवस्था मैंने
स्थिति सँभालने के लिए स्वयं
पहले ही कर दी थी।
प्रभु के आदेश बिना
बहुत बड़ा निर्णय लिया था,
किन्तु...

वीरिणी : सती ने नहीं माना।

अनुचर : जी हाँ, प्रभु,
उन्होंने नहीं माना।

दक्ष : क्यों?
उसको स्थान
और मान
और यथायोग्य भाग–भोग
सबका आश्वासन मिल गया
और फिर भी वह तुष्ट नहीं

वीरिणी : स्वामी!
पत्नी की मर्यादा
पति की मर्यादा से होती है।

और आपके इस आयोजन में
सभी देवताओं के बीच
कहीं शंकर का स्थान नहीं।
सती
अथवा कोई भी नारी
यह कैसे सह सकती है?

अनुचर : ठीक यही बात देव!
राजसुता सती ने
महामात्य से कही थी।
कहा था उन्होंने–
"मेरा घर है यह,
मेरा क्या,
मैं तो प्रजा में खड़ी होकर भी
दर्शक की तरह यज्ञ देखूँ तो
मेरी मर्यादा नहीं घटती।
पर मेरे महादेव शंकर का स्थान
वहाँ
सर्वोपरि आसन के निकट रहे।"

दक्ष : ऐसा असम्भव है।
उसके चुप होने की अगर यही शर्त है
तो यह असम्भव है।
कह देना
मेरे आयोजन में
शंकर का कोई स्थान नहीं हो सकता।

अनुचर : मैंने कहा था प्रभु,
इस पर वे
बिगड़ उठीं?

दक्ष : बिगड़ उठीं?

वीरिणी : अपने इस निर्णय पर
फिर सोचें नाथ!
महादेव अपने जामाता हैं
अन्य नहीं।
उनका अपमान स्वयं
आत्म-भर्त्सना ही है।
मैं तो यह कहती हूँ
आप बैर ठानें तीनों लोकों के साथ,
किन्तु शंकर से नहीं।
उनका आक्रोश वहन करने की
क्षमता त्रिलोक में नहीं है नाथ!
वे हैं साक्षात् ब्रह्म...महादेव...

दक्ष : बार-बार शंकर को महादेव कहकर
उसका तेज बतलाकर
क्या तुम मुझे डराती हो?
...तो सुन लो,
मेरा दृढ़ निश्चय है
मेरे आयोजन में
शंकर का कोई स्थान नहीं होगा।
यही नहीं
युग-युग तक
किसी यज्ञ अथवा आयोजन में
उसको निमन्त्रण तक न जायेगा।
देखूँ, वह मेरा क्या करता है?
अपने अतिथियों को आमन्त्रित करने की
मुझको स्वतन्त्रता है।

सती अगर चाहे
तो दर्शक की तरह रहे
वरना वह लौट जाय।
मेरा उन दोनों से कोई सम्बन्ध नहीं।
मैं उससे स्वयं कहे देता हूँ...

[आवेश में दक्ष अनुचर को लेकर मंच से चला जाता है]

वीरिणी : (*स्तम्भित-सी*)
नाथ!
तनिक ठहरो तो!
सोचो तो!
मेरा नहीं, अपना
और अपने इन बच्चों का भाग्य,
और राज्य का भविष्य!
आह! चले गये!

[आकाश की ओर देखते हुए उँगली उठाकर]

क्रूर नियति!
वह तेरे हाथों से छले गये।
बोल,
मुझे बता,
मुझ पर श्राप क्यों पड़ा तेरा?
कब मुझसे धर्म की अवज्ञा हुई है?
कब मैंने शंकर की मानता नहीं मानी
कब मैंने सपने में
किसी अमर्यादा की छाया छुई है?

सर्वहत : (*दुखी-सा प्रवेश करते हुए*)
देवी!
आप धैर्य धरें।
आपके ललाट पर उभर आयीं
पीड़ा की रेखाएँ
देखी नहीं जातीं।

वीरिणी : (*सर्वहत की उपस्थिति से अनभिज्ञ-सी*)
आह!
मैं समझ गयी।
दुर्दिन जब आते हैं
तो पहले
व्यक्ति का स्वतन्त्र-बोध
चिन्तन
    औ' प्रज्ञा हर लेते हैं।
अनायास
मन की वैचारिक स्थितियाँ
    प्रतिबन्धित कर देते हैं।
पार्श्व में प्रसंगों में
    लघुता भर देते हैं।

[चिन्तन की आत्म-लीन मुद्रा में]

यही प्रश्न था
जो कल से अब तक
मुझे विकल करता रहा,
अपनी सम्पूर्णता सहित अक्षय
मेरे प्रतिरोध के धरातल पर
छाया-सा फैलता-उतरता रहा,
नयी विधा अंकित कर मेरे विचारों में

भाव-बोध में मेरे
...अकुलाहट भरता रहा;
यही प्रश्न!
फिर इसका तिक्त बोध!
फिर-फिरकर यही रोध!!
...इसकी अनुगूँज
मुझे और व्यथित करती है...
एक अशुभ आकृति
चक्षु-पटल पर उतरती है
शून्य में उभरती है...
आह!

[अन्तर्वेदना के कारण दोनों हाथों से शीश पकड़कर बैठ जाती है]

द्वारपाल : (*घबराहट में तेजी से प्रवेश करते हुए*)
महादेवि!
क्षमा करें
एक अशुभ सूचना मिली है।

वीरिणी : (*तुरन्त उठकर उसकी ओर बढ़ती हुई*)
शीघ्र कहो
क्या हुआ सती को,
मेरी लाडली सती को...क्या हुआ
बोलो,
चुप क्यों हो?

द्वारपाल : (*निश्चल-सा*)
सब-कुछ हो गया अभी पल भर में
महादेवि!
अब तक भी उस पर विश्वास नहीं होता।

जैसे ही महाराज

क्रोधातुर
महादेव शंकर पर रोष व्यक्त करते
यज्ञ–मण्डप में घुसे,
तैसे ही अनायास,
भगवती सती के पास
विद्युत–सी कौंध गयी।
भस्म हो गया उसमें
–सुन्दर सर्वाङ्ग चन्द्र–गौर वर्ण
और दूसरे ही पल
भगवती सती का अधझुलसा शव
सामने पड़ा था।

[अनायास वीरिणी भूमि पर बैठ जाती है और उसका सिर एक ओर ढुलक जाता है। द्वारपाल कहीं खोया हुआ-सा, तन्मयता से वर्णन करता चला जाता है जिसे केवल सर्वहत, आँखें फाड़े और मुँह बाये निश्चल सुनता जाता है।]

भगवती सती का अधझुलसा शव
सामने पड़ा था...
और...उस भयावह निस्तब्धता में
महादेव का नन्दी
क्षुब्ध अंगरक्षक–सा
पागल खड़ा था।

महादेवि!
सहस्त्रों झँझाओं की तरह फड़फड़ाते हुए
उसके वे नथुने!
और सब ज्वालामुखियों की अग्नि लिये
उसके वे नेत्र!

महादेवि!

उसका वह रौद्र-रूप देखकर
अनेक जन्म
तत्क्षण हो गये पूर्ण!
औं' फिर
जिस वेग से गया है वह
यज्ञ छोड़
महादेव शंकर के पास
असम्भाव्य ऐसी दुर्घटना की
सूचना देने के लिए
उसकी कल्पना-मात्र
मेरा हर रोम कँपा जाती है;
महादेवि क्या होगा?

महादेवी! आज्ञा दें
मैं इन श्री चरणों में बैठ सकूँ
मुझे और कहीं नहीं
यहाँ तनिक शान्ति नजर आती है।

[ज्यों ही द्वारपाल का वाक्य समाप्त होता है सर्वहत वीरिणी को भूमि पर पड़ी देख चीख उठता है।]

सर्वहत : महादेवि!

[और प्रकाश के विलयन के साथ परदा गिरता है।]

•

सर्वहत :

इस दुखान्त नाटक का पटाक्षेप
मेरे मंच पर आने से पूर्व हो चुका था।
सारे दर्शक
सारे अभिनेता चले जा चुके थे।
मैं तो केवल
निर्देशक की इच्छाओं का अनुचर था–
मात्र भृत्य!
मैं यह नाटक क्यों देखता भला?
मुझसे...या हमसे
यह आशा कब की जाती है
कि हम नाटक देखें...उसमें भाग लें!

दृश्य : दो

[स्थान : प्रजापति दक्ष का वही कक्ष किन्तु उसकी सज्जा अस्त-व्यस्त है और सारी वस्तुएँ टूटी-फूटी पड़ी हैं। उसे देखकर ही ऐसा आभास होता है मानो वहाँ युद्ध हुआ हो जिससे उसका सारा क्रम नष्ट हो गया हो।]

[परदा उठने के एक क्षण पश्चात् भगवान् ब्रह्मा और विष्णु वहाँ प्रवेश करते हैं।]

विष्णु : जन–संकुल राजमार्ग : नीरव
जन–हीन नगर,
चिड़ियों के नोचे हुए पंखों–से
सारे घर,
सारा क्रम छिन्न–भिन्न :
पूरा परिवेश भग्न :
और ध्वस्त इन सारी स्थितियों पर
तनी हुई
वह आकृति : क्रोध–मग्न!

ब्रह्मा : आह! बन्धु विष्णु!
वह प्रसंग मत उठाओ अब,
कल्पना–फलक पर उभर आता है बार–बार
महादेव शंकर का दुर्निवार
पीड़ा से भरा हुआ नीलकण्ठ
पाँचों मुख
दुख की अभिव्यक्ति में निरत, असफल,
मस्तक में खौल रहा गंगा–जल
औ' त्रिनेत्र ज्वाला के स्फुलिंग बरसाते

विह्वल आवेशयुक्त चतुर्भुजा
दक्ष प्रजापति के
उस यज्ञ की दिशा में उन्मुख त्रिशूल
जिसमें हम सबने,
सब देवों ने, ऋषियों ने
...भाग लिया था।

विष्णु : और...
जिसमें सती ने
अपने पति महादेव शंकर की अनुपस्थिति
जानकर अहैतुक अपमान
अपराधी दक्ष को बताया था
पति की अवहेलना अवज्ञा का...

...जिसमें
नारी का पातिव्रत्य
सहन नहीं कर सका उपेक्षा उस शिव की
जो सार्वभौम
जगती में महासत्य,
सारे ब्रह्माण्डों में सर्वोपरि
स्वयंपूर्ण!

...जिसमें सती ने
उस प्रजापति पिता के कुटिल
पति के प्रति मानहानिपूर्ण
अशुभ वाक्यों के पाप से निवृत्ति हेतु
सहज योग धारण कर
नाभि चक्र से सयत्न
प्राण अपान वायु को समान कर
उदर को उठाकर

तन का लौकिक प्रकार भस्म कर दिया था।

[मंच पर प्रकाश व्यवस्था द्वारा उदास वातावरण की सृष्टि होती है जिसमें देवराज इन्द्र प्रवेश करते हैं।]

इन्द्र : हाँ, प्रभु,
वह दुखद दृश्य।
उससे भी दुखद पुनः
शिव–अनुचर गणों और भृत्यों का
अनधिकार रक्तपात।
क्षीर–सिन्धुवासी इन पारब्रह्म प्रभु पर भी
वीरभद्र का प्रहार
औ' मुझ पर नन्दी का वार–बार
दुर्निवार अस्त्रों से संघातक लक्ष्य।
हाँ प्रभु,
वह दुखद दृश्य
भूल नहीं पाता हूँ...

वरुण : (*प्रवेश करते हुए*)
यह नहीं देवराज,
महादेव शिव के गणों को स्वयं
देवों का रक्तपान करते मैंने देखा।
वीरमुण्ड ने मुझ पर
आक्रमण किया था जब
भैरवीनायक रक्तपान कर रहा था वहाँ।

इन्द्र : प्रभु,
मैंने चाहा था–
महादेव शंकर के
मदोन्मत्त भृत्यों को समझा दूँ!

मैंने कहा था बन्धु-भाव से
कि "मित्रों!
भगवती सती का यह देह-त्याग
महादेव शंकर के
अथवा तुम्हारे परिताप तक नहीं सीमित,
यह तो त्रैलोक्य ताप है,
कण-कण पर उतरा है,
फिर तुम क्यों यज्ञ भंग करते हो?
इससे परिताप कम नहीं होगा।
कोई प्रतिकार भी नहीं होगा।
सम्भव है क्लेभ मिले तुमको भी
अतिथि देव-पुत्रों से।"

इस पर वे असुर-वृत्ति
वेदी पर टूट पड़े
वयोवृद्ध आंगिरस,
कृशाश्वमुनि,
दोनों के शीश पर
प्रहार किया पाँवों से।
दुष्टों ने भृगु जी की
दाढ़ी को नोच लिया।
यज्ञ किया खण्डित
कर रक्तपात,
निर्जन कर दिया नगर।

ब्रह्मा : मुझे सब विदित है बन्धु देवराज!
ऋत्विज या अतिथि
यहाँ जो-जो भी आये थे,
आहत या अपमानित होकर ही लौटे हैं।
शेष यहाँ कुछ भी नहीं है अब...
कुछ भी नहीं!!

[उसी समय क्षत-विक्षत दशा में दक्ष का भृत्य सर्वहत गर्दन झुकाये लड़खड़ाता हुअ प्रवेश करता है।]

सर्वहत : (*आते हुए*)
कौन कहता है–
यहाँ कुछ भी नहीं है शेष।
यहाँ शेष ही तो है सब कुछ...
देखो...
सारे नगर में ताजा
जमा हुआ रक्त है
और सड़ी हुई लाशें हैं
मुड़ी हुई हड्डियाँ हैं
क्षत-विक्षत तन हैं
और उन पर भिन्नाते हुए
चीलों और गिद्धों के झुण्ड
और मक्खियाँ हैं।

सब कुछ तो है।
देखो ये महल हैं
कँगूरे हैं
कलश हैं
अतिथि-भवन हैं
राजमार्ग हैं...।

सिर्फ लोग नहीं हैं तो क्या हुआ?
लोगों के होने न होने से
क्या कोई दृश्य की महत्ता कम होती है?

[सहसा कष्टपूर्वक सिर ऊपर उठाने का असफल प्रयत्न करते हुए]

आह!

तुम लोग शायद अतिथि हो।
अथवा यज्ञ देखने के लिए यहाँ आये हो?

वरुण : हाँ, हम अतिथि हैं।

सर्वहत : मैं समझ गया...
यज्ञ के लिए ही आये होंगे...
निश्चय ही
बहुत बड़ा
बहुत बड़ा यज्ञ हो चुका है यहाँ...
बहुत बड़ी आहुतियाँ
उसमें हुई हैं।
पर तुमको आने में थोड़ा विलम्ब हो गया।

ब्रह्मा : किन्तु...
तुम कौन हो?

सर्वहत : मैं।
मैं कौन हूँ...?
(भूमि पर चारों ओर देखकर)
मैं कौन हूँ...
इस स्थिति में
मुझको यह सोचना पड़ेगा।

[उँगली से माथा ठोकते हुए]

...शायद मैं राजा हूँ।
...शायद मैं शासन का प्रतिनिधि हूँ
...या मैं राज्य की प्रजा हूँ
या शायद मैं कुछ भी नहीं हूँ
और सब कुछ हूँ।
पर तुम क्यों पूछ रहे हो यह प्रश्न

मैंने तो तुमसे कुछ भी नहीं पूछा
माथा उठाकर तुम्हें अब तक
    निहारा भी नहीं एक बार।

विष्णु : पर क्यों नहीं निहारा?

सर्वहत : क्यों नहीं निहारा?
शायद...कुछ तो मेरा स्वभाव
कुछ मेरी अक्षमता
कुछ मेरी ग्रीवा में व्रण हैं
जिसके कारण
गर्दन नहीं उठती।
शायद मैं चाहूँ भी
तो भी यह झुकी हुई गर्दन
अब यों ही रह जायेगी...
चाहूँ भी
तो भी
यह माथा नहीं उठ सकता...
चीजों को, उनके सामने पकड़कर
    देखनेवाली दृष्टि
मुझे शायद अब
कभी न मिल पायेगी।

ब्रह्मा : सम्भवतः
इस रक्तपात के रहे हो तुम साक्ष्य।
क्या तुमने
महादेव शंकर
और देवों और दक्ष की सेना का
घमासान युद्ध
स्वयं देखा है?

सर्वहत : युद्ध...?
और रक्तपात...!
वक्ष और देव
और शंकर की सेनाएँ...
ये तुम क्या कहते हो...
मैंने वह कुछ भी नहीं देखा।

इस दुखान्त नाटक का पटाक्षेप
मेरे
मंच पर आने से पूर्व हो चुका था।
सारे दर्शक
सारे अभिनेता
चले जा चुके थे।
मैं तो केवल
निर्देशक की इच्छाओं का अनुचर था :
मात्र भृत्य!
मैं यह नाटक क्यों देखता भला?
मुझसे
या हमसे
यह आशा कब की जाती है
कि हम नाटक देखें
उसमें भाग लें।

हाँ,
पटाक्षेप होने पर
मंच की सज्जा-सामग्री को सँजोने के लिए
किसी भृत्य को आना चाहिए था
मैं यथासमय आया हूँ।

विष्णु : अब तुम इस नाटक में कुछ भी नहीं थे

और कहीं भी नहीं थे
तो फिर यह पीड़ा
या यह परवर्ती प्रभाव
क्योंकि भोग रहे हो?
[विक्षिप्त-सी धमी हँसी]

सर्वहत : क्योंकि यह
विधाता के नियमों की विडम्बना है।
चाहे न चाहे
किन्तु
शासक को भूलों का उत्तरदायित्व
प्रजा को वहन करना पड़ता है,
उसे गलित मूल्यों का दण्ड भरना पड़ता है।
और मैं मनुष्य ही नहीं हूँ।
मैं प्रजा भी हूँ

ब्रह्मा : अच्छा
अब तुम जाओ,
जाकर विश्राम करो।
...थके हुए लगते हो।

सर्वहत : (*आत्मीयता से फुसफसाहट के स्वर में*)
थका हुआ नहीं हूँ
बुभुक्षित हूँ–

[विक्षिप्त-जैसी धीमी हँसी]

सुनो!
क्या तुम्हारे पास
एक रोटी होगी?

ब्रह्मा : रोटी?

सर्वहत : हाँ रोटी।
जाते–जाते शिव के गणों ने
दक्षिण नगर–द्वार की गुफाओं में छिपे हुए
मुझको भी पकड़ लिया...
मेरे भी तन पर व्रण छोड़ दिये
ये देखो...

[घाव दिखलाता है]

और मैं अचेत हो गया था
...किन्तु मैं बुभुक्षित भी था
इसीलिए आँख जब खुली
तो मैं
दो रोटी पाने की आशा में
इतना सब रक्तस्राव सहकर भी
यहाँ तक चला आया।
बोलो...
तुम मुझको रोटी दे सकते हो?

[मौन से उसकी असमर्थता भाँपकर]

अच्छा न सही रोटी...
मदिरा का एक घूँट...

[फिर मौन]

वह भी नहीं!
वह भी नहीं!!
फिर तुम क्यों आये हो?

बोलो क्यों आये हो?
जमे हुए रक्त पर
अपनी संवेदना का अमृत छिड़कने?
या केवल दृश्य–परिवर्तन के लिए?
बोलो,
उत्तर दो।

[फिर मौन]

...जाओ
मेरे राजमहल से निकल जाओ
फौरन निकल जाओ
इसी क्षण निकल जाओ
जाओ...

[वरुण और इन्द्र उसकी बातों से कुपित होकर उस पर झपटते हैं किन्तु ब्रह्मा और विष्णु संकेत से उन दोनों को रोक देते हैं।]

ओह!
अब समझा।
मैं समझ गया
नगर में तुम्हें भी कहीं
मदिरा या अन्न नहीं मिल पाया–
तुम भी यहाँ इसीलिए आये हो।
है ना?

[उल्लास से]

तुम भी बुभुक्षित हो...
मैं भी बुभुक्षित हूँ...

हम सब बुभुक्षित हैं...
ये सारी दुनिया बुभुक्षित है....।

[विक्षिप्त हँसी हँसते हुए]

खाओ...खूब खाओ
यहाँ सब कुछ है
सब कुछ है...।
देखो ये महल हैं
कँगूरे हैं
कलश हैं;
अतिथि-भवन हैं
राजमार्ग हैं...
इन सबको खा लो
इन सबसे भूख मिट जाती है
इन कलश-कँगूरों को खाकर ही
मेरी
और तुम्हारी
और हम सबकी
क्षुधा शान्त होगी
वरना...
भूखे रह जाओगे
हाँ ऽऽऽ

[उसी प्रकार गर्दन नीची किये, विक्षिप्त-सी हँसी हँसता हुआ चला जाता है]

वरुण : देखा प्रभु!
यह व्यक्ति
महादेव शंकर की हिंसा का जीवित प्रतिरूप है।

विष्णु : नहीं वरुण,
यह तो युद्धोपरान्त उग आयी
संस्कृति के ह्रासमान मूल्यों का
एक स्तूप है–भग्नप्राय
पथ हारा...
हिंसा नहीं है इसमें
भय है...आशंका है।

वरुण : किन्तु प्रभु,
यह रचना किसकी है?
मेरी या आपकी–
या भगवान् ब्रह्मा की–
या देवराज इन्द्र की?
यह भी तो महादेव शंकर की कृति है।

विष्णु : कृति यह नहीं है
एक विकृति का फल है।
एक ऐसी मरणासन्न लौकिक परम्परा का,
जिसे
जीवित रखने के लिए
प्रजापति या दक्ष ने
यज्ञ नहीं
युद्ध का आयोजन किया था...

ब्रह्मा : और उस युद्ध में उसने
विधिपूर्वक
अप्रत्यक्ष माध्मय से
महादेव शंकर को निमन्त्रण दिया था...
और आना पड़ा था उन्हें
क्योंकि वे सदैव

ऐसी
कृष-परम्पराओं के
भंजक रहे हैं।

इन्द्र : माना प्रभु
दक्ष का विवेक और ज्ञान
इस परिस्थिति में छूट गया,
उसका अस्तित्व
एक जर्जर परम्परा के
पोषण के यत्नों में लगा हुआ
टूट गया।
पर क्या अब शंकर ने
जो परम्पराओं के भंजक रहे हैं
दक्ष को बनाकर माध्यम
हम सबको अपमानित नहीं किया?
युद्ध का निमन्त्रण
हमको नहीं दिया?
कन्धों पर शव लादे
दक्ष की तरह ही
क्या महादेव शिव भी अब
वैसा ही आचरण नहीं करते!

वरुण : आपको विदित है प्रभु!
शंकर-कैलासनाथ
अपने स्कन्धों पर
भगवती सती का अधझुलसा शव लटकाये
गहन मनस्ताप की विषमता से भरमाये
रह-रहकर अब तक भी
वीरिणी-सुता का मुख
देखते, बिलखते हैं।

पर्वत के हिम-मण्डित शिखरों पर
काल-सा त्रिशूल गड़ा
व्याकुल से चरण पुनः
इधर-उधर रखते हैं।
औ' उनके नेत्रों से
अग्नि-वृष्टि जारी है।

इन्द्र : (*प्रच्छन्न व्यंग्य से*)
हाँ, प्रभु,
वे शिव शंकर!
अविनाशी शिव शंकर!!
देह-युक्त, देह-मुक्त
भोग-राग-हीन, तत्त्वज्ञानी
वे संन्यासी शिव शंकर!
खोकर सन्तुलन आज
मानवीय पीड़ा के
साधारण पाशों में कस गये।

ब्रह्मा : आह!
देवराज इन्द्र!
कैसी विडम्बना है
अपने बनाये हुए नियम
हमें डस गये,

निर्माता
निर्मिति के बन्धनों में फँस गये।

[क्षणिक विराम]

किन्तु बन्धु...

समझ नहीं पाता हूँ...
क्यों मेरे सहयोगी शिव शंकर
मृत्यु की क्षणिकता से पीड़ित हैं?

क्यों उनकी कालजयी
दैनिक चेतनता पर
लौकिक संवेगों की रेखाएँ अंकित हैं?

क्यों वे पार्थिवता को
कन्धों पर लटकाये
ज्ञानवन्त होकर भी क्रोधित उद्वेलित हैं?

देवराज!
मैं अब तक सोच नहीं पाया हूँ।

[आवेश में चिल्लाते हुए कुबेर का प्रवेश]

कुबेर : मैं अब तक सोच नहीं पाता प्रभु!
महादेव शिव को
क्या गणों और भृत्यों का
यह कुकर्म विदित नहीं?
क्या उनको विदित नहीं
उनके ये अनुचर, गण
वीरभद्र, नन्दी औ' वीरमुण्ड
चण्ड भैरवीनायक
अथवा कूष्माण्ड और महालोक
कितनी आचरणहीन रीति से हुए प्रस्तुत
हम देवों के समक्ष!

मैं अब तक सोच नहीं पाता प्रभु!

महादेव शिव के इन भृत्यों ने
उनके अपमान को बढ़ाया है
अथवा प्रतिकार लिया?

विष्णु : कौन?
अलकापति कुबेर?
शिवशंकर के प्रतिवेशी!

ब्रह्मा : कुबेर!
क्या तुमको यह भी मालूम नहीं
शिव जी ने स्वयं उन्हें भेजा था,
यज्ञ ध्वंस करने
तथा
अपनी प्रिया के आत्मघात की परिस्थिति से
प्रतिकार लेने को!

कुबेर : शिव जी ने भेजा था!

[आश्चर्य से]

असुर–वृत्ति भृत्यों को?
वीरभद्र सदृश अहंकारी को!
भृगु, कश्यप, पैल, गर्ग,
वैशम्पायन, अगस्त्य,
वामदेव, गौतम, त्रिक,
व्यास, अत्रि, ककुपासित,
भरद्वाज–जैसे ऋषि–मुनियों की सभा मध्य?
आप और लक्ष्मी–पति जहाँ विद्यमान
वहाँ?

...आपकी अवज्ञा प्रभु,
महादेव शिव द्वारा?
नहीं, नहीं!!

ब्रह्मा : यह सच है।
हर कटुता सत्य न होती हो
पर यह सच है।

वरुण : प्रभु के उद्‌गारों पर
विस्मय औ' प्रश्नचिह्न क्षम्य नहीं
लेकिन प्रभु
अचरज है।
मन होता है
फिर-फिर पूछूँ
क्या यह सच है?

ब्रह्मा : महादेव क्रोधित थे।
वरुण : प्रभु,
क्या यह भी सच है-
न्याय की तुला को अपने हाथों में लिये हुए
महादेव शंकर धर रौद्र-रूप
अपने आदेश-विहित भृत्यों से
देव और ऋषि-मुनि-गण
सभी का अनादर
और दक्ष का शिरोच्छेदन करके भी
तुष्ट नहीं ?

ब्रह्मा : सम्भव है।

इन्द्र : प्रभु,

जब शिव–जैसे उच्चाधिकार–युक्त हस्त
शासन की मर्यादा खो देंगे
तो क्या यह शासन चल सकता है?
शिव के प्रतिशोध की महाज्वाला
आहुति ले चुकी स्वयं दक्ष
और सभी दक्ष–पुत्रों की,
देवों के मान
और ऋषियों की तामस–मर्यादा की,
आप और लक्ष्मी–पति दोनों की
और स्वयं यज्ञ तथा धर्म की...
क्या यह औचित्यहीन नहीं?

मैं तो यहाँ तक कहूँगा प्रभु!
शिव द्वारा–
जिस–जिस की अवज्ञा हुई है
उसका अपराधी ठहराकर
उन्हें
उचित दण्ड दिया जाय।
–चाहे वे महादेव हों
आपे समान धर्म–शासक हों
चाहे वे कुछ भी हों...

कुबेर : लगता है प्रभु,
उनके अन्तर के द्वन्द्व
और मन के कोलाहल का
अभी शमन नहीं हुआ।
हम उनके कोप से अरक्षित हैं।
मैं उनका प्रतिवेशी होने के कारण
यह निश्चय से कहता हूँ–
कुछ पता नहीं है कब

बमभोले महादेव–
वक्रदृष्टि से निहार,
कर दे संघातक कोई प्रहार।
उनके लिए दण्ड की व्यवस्था
आवश्यक है।

ब्रह्मा : (*विचलित होकर स्वयं से*)

दण्ड
और महादेव शंकर को!
आह!
कितना कृतघ्न समय होता है।
किस हद तक अकृतज्ञ!

वरुण : नागरिक न्याय
और सहज अनुशासन के लिए
यह अपेक्षित है
शंकर को दण्डित किया जाये।

विष्णु : सुना बन्धु
अपनी सुरक्षा को
शंकर के लिए दण्ड माँगते हैं
अलका–वासी कुबेर।

शासन और सत्ता के नाम पर
नियमों की रक्षा के लिए
देवराज इन्द्र चाहते हैं–
शंकर को दण्डित किया जाये।
...और वरुण कहते हैं
न्याय की प्रथानुसार

ऐसा आवश्यक है।
किन्तु बन्धु, बोलो
तुम क्या कहते हो?

ब्रह्मा : मैं क्या कह सकता हूँ;
सम्भवतः
कुछ भी कह सकने की स्थिति में
सन्तुलन नहीं मेरा।
शंकर...कैलासनाथ,
जो मेरे साथ-साथ,
सृष्टि के महान्-
और गुरुतम दायित्वों के पालन में
योगदान देते हैं,
पीड़ित हैं।

सोचता हूँ-
यही दण्ड उनको क्या कम है?

यह क्या कम है कि आज
वे जिस स्थिति में हैं :
क्रोध के बहाने कराहते हैं।
उन्हें किसी सत्य से जुड़े रहने
और टूट जाने का
दुविधायुत भ्रम है।
करते हैं कुछ
किन्तु कुछ करना चाहते हैं।
अपनी प्रिया के सन्दर्भों में
दुहरा जीवन जीते हैं शिव शंकर।
यही दण्ड उनको क्या कम है
जो बार-बार

कालकूट पीते हैं शिव शंकर।

इन्द्र : प्रभु!
चाहे गर्वोक्ति समझ क्षमा करें,
किन्तु मुझे लगा
आप इस क्षण में अनायास,
स्वयं उसी मानवीय पीड़ा से हैं उदास,
पराभूत,
जिससे शिव शंकर हैं।

विष्णु : देवराज इन्द्र!
मित्र,
साधुवाद।
सत्य कहा।
कुछ क्षण तक मैं भी
उस पीड़ा के साथ रहा।

हम भी अपवाद नहीं।
हम भी तो भूल-चूक करते हैं कहीं-कहीं

[हँसकर]

देखो तो,
ब्रह्मा ने रची स्वयं यह बाधा,
मानवीय नियमों की रचना इन्होंने ही
ऐसी आसक्ति को
महत्त्व दिया है ज्यादा।

इन्द्र : इसीलिए प्रभु
शंकर को दण्ड की व्यवस्था पर

होकर निस्संग नहीं सोच सके।
खुद उनकी पीड़ा से पीड़ित हैं।

लेकिन प्रभु?
ऐसे सन्दर्भ के धरातल पर
हम सब हैं एक

हम अपने शब्द और अपना प्रस्ताव
आज वापस ले लेते हैं।
आपको विदित ही है
चिन्तन को दिशा
या समस्या को समाधान देने के लिए
थोड़ी तटस्थ और वस्तुपरक दृष्टि की
अपेक्षा करता है विवेक।

कुबेर : हम इस विषय पर
फिर बातें करेंगे प्रभु!
...क्योंकि
...ब्रह्मा जी थोड़े अस्वस्थ लग रहे हैं आज
क्या हम उनकी कोई सेवा कर सकते हैं?

ब्रह्मा : धन्यवाद बन्धु!
मुझे कष्ट नहीं
थोड़े विश्राम की अपेक्षा है।
चाहो तो अब तुम जा सकते हो।

[कुबेर, वरुण तथा इन्द्र, ब्रह्मा को प्रणाम कर विष्णु की ओर जाने की मुद्रा में उन्मुख होते हैं।]

विष्णु : किन्तु

सुनो देवराज!
तुम तीनों का समाज
अपनी मर्यादा के यथायोग्य
होकर निस्संग
और शंकर से वैमनस्य
पूर्वाग्रह त्याग आज
मेरे
एक प्रश्न पर विचार करें
और मुझे बतलायें–
तत्त्वज्ञान–वेत्ता उस महाबोधि शंकर की
आत्मा क्यों रोती है?
क्यों वे यह भूल गये
कारण,
या निमित्त
या परिस्थितियाँ नहीं,
सिर्फ मृत्यु सत्य होती है?
और यह कि
किस प्रकार
उनको इस पीड़ा से निष्कृति मिल सकती है?

इन्द्र : प्रभु!
हम उत्तर देंगे
यथाशक्य सार्थक औ' सही
किन्तु
चिन्तन को थोड़ा अवकाश मिले।

वरुण : प्रभु!
हमको समय मिले।

कुबेर : अपने अस्तित्व की सुरक्षा का

शंकर से अभय मिले।
शायद इस प्रश्न पर विचार हेतु
हमको कैलास–लोक जाना हो।

विष्णु : (दायाँ हाथ उठाकर)
एवमस्तु
एवमस्तु
उत्तर की
करेंगे प्रतीक्षा हम।

[तीनों देवगण विनत होकर चले जाते हैं]

ब्रह्मा : (*माथे पर रखा हाथ उठाते हुए*)

आह बन्धु!
शंकर की पीड़ा पर
मन भर–भर आता है।
क्यों आखिर!
क्यों आखिर?
मेरा कुण्ठित विवेक सोच नहीं पाता है?

क्या इससे त्राण नहीं पाऊँगा?
यों ही घुट–घुटकर अकुलाऊँगा?
क्या मैं भी यों ही मर जाऊँगा?

सर्वहत : (*लड़खड़ाते हुए प्रवेश करता है*)

हम सब मर जायेंगे एक रोज
पेट को बजाते
और भूख–भूख चिल्लाते

हम सब मर जायेंगे एक रोज...
...ठूँठें रह जायेंगी
साँसों के पत्ते झर जायेंगे एक रोज...

[रुककर फुसफुसाते हुए]

सुनो,
मैं तुमको सावधान करने ही आया हूँ।
वे तीनों लोग
अभी थोड़ी देर पहले जो शोर-सा मचाये थे,
और अभी गये हैं,
वे तुमको खाने के लिए यहाँ आये थे।
मैं छिपकर सूँघ रहा था उनको।
वे तीनों भूखे थे।
उनकी आवाजों में भूख लिखी हुई थी।
काश...
मैं उनके चेहरों की लिखावट पढ़ पाता।

यों भूखा होना
कोई बुरी बात नहीं है,
दुनिया में सब भूखे होते हैं
सब भूखे...
–कोई अधिकार और लिप्सा का,
–कोई प्रतिष्ठा का,
–कोई आदर्शों का,
और कोई धन का भूखा होता है...
ऐसे लोग अहिंसक कहाते हैं
माँस नहीं खाते
मुद्रा खाते हैं...।

[हँसता है]

किन्तु बन्धु!
जीवन की भूख
बहुत कम लोगों में होती है
बहो ऽऽ त कम में...
    तुम
    जीवन की भूख का मतलब समझते हो?

[हँसते हुए]

तुम कुछ नहीं समझते
बहुत भोले हो...
जरूर भले आदमी हो
ऐसे ही लोगों में
...जीवन की भूख हुआ करती है।

[सहसा विष्णु की पाँवों की ओर देखकर]

और यह भी
जो निकट आ रहा है
जरूर भला आदमी है,
    भूखा है,
    है ना?
हर भला आदमी
जरूर भूखा होता है।

[पागलों की तरह लड़खड़ाकर मंच पर घूमता है]

आओ।
आओ मेरे बच्चों
निकट आओ

आओ मुझसे सट जाओ...
जब तक ये महल
ये सोने के कलश और कँगूरे
और ये राजमार्ग
हमारे खाने के लायक बने
तब तक तुम
–मुझको ही खाओ।
आओ मेरे बच्चों
डरो मत
आओ।

[आत्मीयता से धीरे-धीरे]

हाँ
देखो,
पहले मेरा दिल निकालकर खाना
फिर दोनों हाथों,...
इन्होंने मुझे
बहुत कष्ट दिया
ये अगर न होते तो यह जीवन
बड़ी सुगमता से जिया जाता।
...हाँ
फिर थोड़ा–सा
अपनी उँगलियों का माँस
मुझको भी दे देना

[ब्रह्मा और विष्णु उसकी दयनीय दशा पर कातर-भाव से एक-दूसरे की ओर देखते हैं]

अरे!
ये तो बोलते नहीं
हिलते–डुलते भी नहीं

शायद खड़े-खड़े मर गये
झर-झर-झर
साँसों के सब पत्ते झर गये
...खड़े-खड़े मर गये-
...बेचारे-
भूख के मारे!
चः चः चः।

किन्तु
मैं अकेला रह गया हूँ अब
बिलकुल अकेला
पूरे नगर में अकेला...
आह!
इन राजमहलों से मोह
अब तोड़ना पड़ेगा मुझे
अब शीघ्र अब
यह नगर छोड़ना पड़ेगा मुझे
वरना क्या खाऊँगा और क्या पिऊँगा यहाँ?

छोड़ना...
ग्रहण करके
छोड़ना
कितना कठिन होता है
आह!

[सर्वहत लड़खड़ाता हुआ जाने लगता है और उसी के साथ परदा गिरता है]

•

शंकर

देवत्व और आदर्शों का परिधान ओढ़
मैंने क्या पाया...?
निर्वासन!
प्रेयसि-वियोग!!
हर परम्परा के मरने का विष
मुझे मिला,
हर सूत्रपात का श्रेय
ले गये और लोग।
...मैं ऊब चुका हूँ
इस महिमा-मण्डित छल से...।

दृश्य : तीन

[स्थान : हिम-मण्डित कैलास-पर्वत का एक शिखर, जहाँ अपनी पत्नी सती के अपार शोक में मग्न विश्रान्त-से महादेव शंकर, अपने कन्धे पर उसका शव रखे हुए दुःख में निमग्न-से खड़े हैं]

शंकर : (*स्वगत*)

आह, शोक ने मुझ
अचीन्ही स्थितियों से जोड़ दिया,
महाशून्य के अन्तराल में
निपट अकेला छोड़ दिया,
सारा धीरज सोख लिया है
सारा रक्त निचोड़ दिया,
प्रियाहीन व्यक्तित्व-विखण्डित
जगह-जग़ह से तोड़ दिया।

[सती के अस्त-व्यस्त केशों को अपनी उँगलियों से सहलाते, जैसे उससे बातें करते हुए]

प्रियाहीन संसार
    और मैं देख रहा हूँ!
अपने जीवन पर
तन का निस्तार
    और मैं देख रहा हूँ!
ये अपने से ही
अपने की हार
    और मैं देख रहा हूँ!

[सहसा कन्धे पर पीछे की ओर झुका हुआ सती का मुख अपने सामने कर लेते हैं, और उसे देखकर अपने ही प्रति कुपित और क्षुब्ध हो उठते हैं]

धिक् मेरा देवत्व!
कि जिसकी कायर गाथा,
धिक् मेरी सामर्थ्य!
कि जिसने टेका गाथा,
धिक् मेरा पुंसत्व!
कि जिसका बोध अधूरा,
धिक् मेरा जीवन!
जिसका प्रतिशोध अधूरा।

[दाँत पीसते हुए, बेचैनी से मंच पर इधर-उधर टहलते हैं फिर तड़पकर सती के शव की ओर संकेत करते खड़े हो जाते हैं]

जिस भाषा में
मिला मुझे यह प्रश्न भयंकर
मुझे उसी भाषा में
देना होगा उत्तर!

[एक पल रुककर]

सम्प्रति बस प्रतिकार
देव, ऋषि, दानव सबसे।
आह! तीसरा नेत्र
रक्त का प्यासा कब से।

[तभी नेपथ्य से शंकर-स्तुति के स्तोत्र सुनायी पड़ते हैं—जो देर तक चलते हैं। उन्हें सुनकर शंकर के मनोभावों में कुछ परिवर्तन होता है और उनकी उद्विग्नता तथा आवेश कम होता हुआ कौतूहल में बदल जाता है]

वरुण का स्वर : देवदेव महादेव लौकिकाचार कृत्प्रभो
ब्रह्म त्वामीश्वरं शम्भुं जानीमः कृपया तव
किं मोहयसि नस्तात मायया परया तव
दर्ज्ञेयया सदा पुंसां मोहिन्या परमेश्वर
प्रकृतेः पुरुषस्यापि जगतो योनिबीजयोः
परब्रह्म परस्त्वं च मनोवाचामगोचरः
त्वमेव विश्वं सृजसि पास्यत्सि निजतन्त्रतः
सर्वकर्मफलानां हि सदा दाता त्वमेव हि
भगवन् परमेशान कृपां कुरु पर प्रभो
नमो रुद्राय शान्ताय ब्रह्मणे परमात्मने।

[नेपथ्य में इस संस्कृत स्तोत्र के ऊपर एक अन्य उद्घोषक इसका हिन्दी अनुवाद भी प्रस्तुत करता है]

हिन्दी उद्घोषक : हे देव-देव महादेव! हे लौकिक
आचार करनेवाले महाप्रभो! हम सब
आपकी कृपा से, आपको ब्रह्म, ईश्वर
तथा शिव जानते हैं। हे ताप परमाया
से आप हमको क्यों मोहित करते हैं।
हे महेश्वर! वह आपकी मोहिनी
माया प्राणियों को सदा दुर्ज्ञेय है।
जगत् के योनि बीज प्रकृति पुरुष
से भी आप परे हैं। मन, वचन,
इन्द्रियों से परे, आप मन, वाणी
से भी परे हैं। आप ही विश्व
की उत्पन्न कर फिर पालन करते हैं।
सब कर्मों के फल देनेवाले सदा
आप ही हैं। हे भगवन्, हे परमेशान
अब आप देवताओं पर कृपा करें।
हे रुद्र, शान्त, ब्रह्म, परमात्मा आपको
प्रणाम है।

कुबेर का स्वर : नमस्ते भगवन् रुद्र भास्करामित तेज से
नमो भवाय देवाय रसायाम्बुमयाय ते
वीरात्मने सविद्याय श्रीकण्ठाय पिनाकिने
नमोनन्ताय सूक्ष्माय नमस्ते मृत्युमन्यवे
दयासिन्धो महेशान प्रसीद परमेश्वर
रक्ष–रक्ष सदैवास्मान् भस्मान्नष्टान् विचेतसः
रक्षितः सततं नाथ त्वयैव करुणानिधे
नानापद्म्यो वयं शम्भो तथैवाद्य प्रपाहि नः
यज्ञस्योद्धकरणं नाथ कुरु शीघ्र प्रसादकृत्
असमाप्तस्य दुर्गेश दक्षस्य च प्रजापते।

हिन्दी उद्घोषक : हे रुद्र, हे भास्कर, हे अमित तेजस्वी
आपको प्रणाम है। वीरात्मा श्रेष्ठ बुद्धि–
वाले श्रीकण्ठ पिनाकधारी अत्यन्त सूक्ष्म–
रूप मृत्यु क्रोधरूप, आपको प्रणाम है।
हे दयासागर महेशान परमेश्वर अब आप
प्रसन्न होकर हमारी रक्षा करें क्योंकि हम
विनश्वर हैं। हे करुणानिधान, करुणा–सागर
आप सदा हमारी रक्षा करें। हे शम्भु!
अनेक आपत्तियों से आपको हमारी रक्षा
करनी चाहिए। हे नाथ कृपा कर शीघ्र
ही यज्ञ का उद्धार कीजिये। हे दुर्गेश,
प्रजापति दक्ष के यज्ञ की समाप्ति नहीं है।

शंकर : *(स्तोत्रों की समाप्ति पर शंकर विस्मित, आशंकित और फिर आवेश-युक्त हो उठते हैं)*

ये कौन?
कौन, कैलास–शिखर पर

अनाहूत आया?

ये किसका स्वर है
जो मेरे निश्चय से टकराया?
स्तुति करता
सामने नहीं आता है
    बचता है।
ये कौन मुझे
सम्मोहित करने को
छल रचता है।

वरुण : (*मंच के दक्षिण भाग से प्रकट होते हुए*)
हे पारब्रह्म!
कैलासनाथ,
हे कालजयी,
हे कालकूट विषपायी स्रष्टा
अष्टनाम!
मैं वरुण आपके चरणों में
करता प्रणाम!

शंकर : (*वरुण की ओर ईषत् घृणा से*)
मैं पारब्रह्म?
कैलासनाथ!
मैं निर्माता?
मैं कालजयी व्यक्तित्व?
स्वयंभू महादेव

ये सारे सम्बोधन
हैं कितने क्रूर व्यंग्य!
जो करते आये हैं मेरे संग
छल सदैव।

(तभी उनके पीछे-पीछे कुबेर प्रकट होते हैं)

कुबेर : हे सर्वारम्भ प्रवर्तक
धाता, प्रपितामह!
हे ओंकार,
हे वषट्कार,
हे स्वधाकार!
त्रिगुणात्मा, निर्गुण,
प्रकृति–पुरुष से भरे शम्भु,
हे सकल प्रजापतियों के स्त्रष्टा नमस्कार।
मैं हूँ कुबेर,
आपका दास।

शंकर : (*व्यंग्य से*)

तुम दास समझते हो
मैं मित्र समझता था।

कुबेर : ये महादेव
देवाधिदेव की अनुकम्पा।

शंकर : सम्बोधन
और सर्वनामों की सृष्टि रोक,
उत्तर दो
मेरे एक प्रश्न का मित्र मान,

दक्ष के यज्ञ में
आमन्त्रित थे सभी देव;
था किन्तु उपेक्षित मैं,
पर तुमने दिया ध्यान?

कुबेर : आपकी अवज्ञा
प्रभु! मुझको भी बहुत खली,
सोचा था
दूँ दक्ष को क्रुद्ध हो, कठिन शाप।
....फिर सोचा–
यह तो बात बहुत साधारण है;
देवत्व और आदर्शों से
परिपूर्ण आप!

शंकर : (*उसी व्यंग्य से*)
देवत्व और आदर्शों का परिधान ओढ़
मैंने क्या पाया?
निर्वासन!
प्रेयसि-वियोग!!

[गहरी पीड़ा से]

हर परम्परा के मरने का विष,
मुझे मिला,
हर सूत्रपात का
श्रेय ले गये और लोग।

[क्षण भर थककर]

मैं ऊब चुका हूँ
इस महिमा-मण्डित छल से,
अब मुझे स्वयं का
वास्तव-सत्य पकड़ना है,
जिन आदर्शों ने

मुझे छला है कई बार
मेरा सुख लूटा है
अब उनसे लड़ना है।

[फटकारते हुए]

बोलो
क्यों आये हो?
क्या और अपेक्षित है?

कुबेर : हे शिवशंकर
आपकी कृपा है औ' मेरा सौभाग्य,
चराचर,
मुझे आपका मित्र मानकर चलते हैं
फिर अलकापुरी निकट ही है,
कैलास–धाम के स्वामी का
प्रतिवेशी होने के कारण
इतना अधिकार समझता हूँ,
जो बिना प्रयोजन
बिना अपेक्षा आ जाऊँ।

[स्वर बदलकर]

हे महादेव!
भगवती सती की पीड़ा में आपाद–मग्न
आपको देख,
मेरा भी हृदय कचोट उठा।
मैं मात्र सहज–कर्त्तव्य
और संवेदन–वश ही आया हूँ।

शंकर : कर्त्तव्य तुम्हारा
धन-संचय से इतर
और भी है कोई?

यदि है तो, हे धनपति कुबेर!
यह है कुयोग;

मैं तो समझा था
धन के दृष्टि नहीं होती
भावना-शून्य हो जाते हैं
धनवान लोग।
आत्मस्थ बना देती है सत्ता मित्रों को
आचरण बदल जाते हैं उनके क्षण-क्षण
अपनत्व खत्म हो जाता है,
बच रहता है थोड़ा-सा शिष्टाचार
और औपचारिकता,
प्रभुता का ऐसा ही होता आकर्षण।

वरुण : यह कोरा शिष्टाचार नहीं
यह औपचारिकता नहीं प्रभो!

कुबेर : सचमुच
यह शिष्टाचार नहीं;
भावना-भरा संवेदनशील हृदय
हम कैसे दिखलायें?
कैसे बतलायें यह कि आज
कर्त्तव्य-विवश हो
सहज
मित्र के नाते ही हैं हम आये।

शंकर : (*अकस्मात् उत्तेजित होकर*)
बन्द करो अपना प्रलाप अब।

बार-बार संवेदन
अथवा कर्त्तव्यों की बात उठाते,
बार-बार ये कहना
मैं तो आया यहाँ मित्र के नाते,
ग्लानि नहीं होती है तुमको?
डूब नहीं मरते हो
अंजुलियों के जल में।

[गहरी पीड़ा-से]

मित्र अगर होते तुम
मेरा अपयश या अपमान न होता
या तो यज्ञ न होता
अथवा ऐसा कल्कि विधान न होता।

मित्र अगर होते तुम
मेरी आत्मा यों विद्रोह न करती,
भरी सभा में मेरी प्रिया
निरादृत होती और न मरती।

[प्रिया शब्द के उच्चारण मात्र से उनका कण्ठ भारी हो उठता है और तुरन्त कन्धे पर पड़ा शव निहारने में तल्लीन होकर वे वस्तुस्थिति को भूल से जाते हैं]

शंकर : (*कुछ क्षण बाद*)
आह!
कैसे पी सका यह फूल-सा तन-ज्वाल!
लोग

कैसे देख पाये दृश्य वह विकराल!

[कुछ समझने का प्रयत्न करते हुए]

आह!
देवों ने रची यह
दुरभिसन्धि विरुद्ध,
और इसका अर्थ...
केवल युद्ध...
केवल युद्ध...!!

[आवेश में कुबेर और वरुण की ओर से उसी प्रकार मुँह फेरे, घूमते हुए जैसे किसी निर्णय पर पहुँचते हैं]

सम्प्रति केवल
बल की भाषा
शक्ति-प्रदर्शन
सम्प्रति केवल
युद्ध, व्यूह-रचना,
अरि-मर्दन,
ओ मेरे आत्मज योद्धाओं
अरे अभागों,
ओ डाकिनियों, शाकिनियों
ओ प्रेतों जागो।

जागो वीरभद्र, त्वरिता
पर्पट ईशानी,
जागो शंकुकर्ण, गुह्यक,
वैष्णवी, भवानी।

केकराक्ष, दुद्रम,
विष्टम्भवीर,सन्दारक,
पिप्पल, आवेशन,
आदित्यमूर्ध, सन्तानक,

जागो कात्यायनी
भद्रकाली, सर्वांकक।
समद, काकपादोदर
कुण्डी, प्रमथ भयानक।
कपालीश, कूष्माण्ड
और भैरव सन्नाधो,
उठो तुरत संकेतों पर
ब्रह्माण्ड हिला दो...

[शव को सीने से लगाकर शंकर मंच से जाने को उद्यत होते हैं]

वरुण : (*फुसफुसाकर*)
देख रहे हो मित्र,
त्रिलोकी शिव पर
हिंसा की छाया है।
नेत्र तीसरा
शायद खुलने ही वाला है।

कुबेर : (*उसी स्वर में*)

उसका समय नहीं आया है;

शंकर : (*मंच से जाते हुए*)

चलो
अलकनन्दा की ओर चलें अब प्रेयसि!
वहाँ तुझे मैं
स्नान कराऊँगा उस जल में,
फिर चन्दन से माँग भरूँगा।
वन्य प्रसूनों से मैं अपनी
प्रेयसि का श्रृंगार करूँगा।
फूट-फूट रोऊँगा कुछ देर वहाँ पर। वि
फिर बाँहों में तुझे उठकार,
हृदय लगाकर,
सुधियों का अह्वान करूँगा,
फिर तुझको लेकर
मैं वन के हर उस कोने में विचरूँगा–
तेरे साथ जहाँ
जीवन के
सर्वोत्तम क्षण मैंने भोगे।

चलो...अलकनन्दा की ओर चलें अब प्रेयसि!

[शव को सीने से चिपटाकर शंकर मंच से चले जाते हैं]

कुबेर : शिव शंकर को
दक्ष-सुता से गहन मोह है।
देख रहे हो?

वरुण : पर अलकापति!
ऐसा भी क्या मोह
कि शव को चिपटाये फिरते हैं तन से!
...क्या तुमको

दुर्गन्ध नहीं आयी उस क्षण से?
मैं तो खड़ा नहीं रह पाया
पास निमिष भर

कुबेर : और मुझे भी लगा
कि हमको क्यों भेजा है देवराज ने?
यही देखने?

...किन्तु मुझे बातें करनी थीं
यदि मैं अरुचि प्रदर्शित करता
शव से
या दुर्गन्ध मात्र से,
तो हम दोनों
महाकोप के भाजन बनते,
देवलोक वापस जा पाना
बहुत कठिन था।

वरुण : किन्तु बताओ तो कुबेर,
क्या मोह
ज्ञान को,
इतना अन्धा कर देता है,
जो कि मृत्यु को भी हम
सत्य नहीं कहते हैं।
परिवर्तन पर होते
विक्षुब्ध हृदय में,
सुन्दर और सनातन कहकर
शव से ही चिपके रहते हैं।

कुबेर : शायद ऐसा ही होता है।
इसीलिए सम्भवत: जग में

जब परम्परा का खण्डन कर
कोई नया मूल्य उठता है–
लोग उसे मिथ्या कहते हैं।

और जहाँ तक, जब तक सम्भव हो पाता है
मृत परम्परा के शव से चिपके रहते हैं।
पूजा के घड़ियाल बजाते
भाव–लहरियों में बहते हैं!

वरुण : लेकिन कब तक?
थोड़े दिन पश्चात् भावना मर जाती है
या दुर्गन्ध,
समूचे युग में भर जाती है।

कुबेर : अब तुम सोचो।
यह दुर्गन्ध
जिसे शंकर ने ओढ़ रखा है,
जिसको हमने पल भर भोगा,
कितनी कटु है!
कितनी विषमय!!
सारे युग में फैल गयी यदि,
तो क्या होगा?

वरुण : हमको क्या
कुछ भी हो जाये।
जब सृष्टि के नियन्ता होकर
स्वयं शम्भु ही
अपने रचे हुए नियमों की करें अवज्ञा
रक्षक ही भक्षक हो जाये
तो कोई क्या कर सकता है?

हाँ, यह विष,
हम अपनी ओर न आने देंगे!

कुबेर : (*अपेक्षाकृत धीमे स्वर में इधर-उधर देखते हुए*)

धीरे बोलो
शायद शिव शंकर आते हैं।

[तभी मंच के एक कोने में प्रकाश पड़ता है जिसमें शंकर का आगमन होता है। अब शव उनके कन्धे पर नहीं, बल्कि सामने खुली हुई दोनों बाँहों पर रखा है और पुष्पों से सज्जित है]

कुबेर : (*धीरे से*)

महादेव शंकर आते हैं।
मेरुमाल-सी
सन्मुख खुली भुजाओं पर
सज्जित शव धारे,
जिससे
मेघों-जैसे केश लटकते नीचे-
हिम पर ऐसे फिसल रहे हैं
जैसे मध्याह्न में धरा पर
तार-तार हो कँपती-कँपती
निशा गिर पड़े।

[शंकर खोये हुए, विंग से कुछ और आगे आ जाते हैं और सती का झुलसा हुआ मुख, सीधा करके देखते हैं, जो फिर दर्शकों की ओर हो जाता है]

कुबेर : लो, अक्षत सौन्दर्य-शालिनी

सती भगवती का मुख देखो।
...कुछ पहचाना?

[रुककर]

बोलो,
क्या ये वही रूप है,
जिसे देखकर पूर्ण चन्द्र की
सभी कलाएँ छिप जाती थीं?
...जिसे देखकर स्वयं-सिद्ध प्रभु
ब्रह्मा का मन डोल गया था,
जिसका पा स्पर्श
मुखर हो जाती जड़ताएँ थीं।
बोलो
क्या ये वही रूप है?

वरुण : (*सिहरकर*)

आह!
नहीं देखा जाता है यह परिवर्तन!
ऐसी विकृति!
झुलसे हुए रूप का ऐसा
कटु अपकर्षण!
मित्र बताओ,
महादेव यदि अपने तप से
और तेज से,
आग्रहवश
भगवती सती के
शव में प्राण-प्रतिष्ठा कर दें,
तो भी क्या यह रूप

भोगने योग्य रहेगा?

कुबेर : (*अधर पर उँगली रखकर फुसफुसाते हुए*)
चुप हो जाओ।
वह देखो...
गाते-चिल्लाते
महादेव शंकर आते हैं।

[तभी शंकर, महाशोक से ग्रस्त, कोने से मंच के अग्र-भाग के प्रकाश में आते हैं]

शंकर : आह प्रिया!
अब क्या रह गया शेष?
सूना-सा लगता है
सारा कैलास-देश।
नन्दा का मलिन वेश।
हिम तक पर व्याप्त क्लेश।
सारे सन्दर्भ व्यर्थ,
जीवन का कुछ न अर्थ,
अब ऐसा एक नहीं
जो मेरे भाव ग्रहण करने में
हो समर्थ।

आह प्रिया!
मेरा हर एक शब्द
था तुझको पूर्ण वाक्य।
मेरे हित
तूने क्यों राज भोग त्याग दिया?
नन्दा-व्रत पूर्ण किया?
क्यों मुझसे
मुझको ही माँग लिया?

...फिर मेरा हाथ छोड़
अधबर में साथ छोड़
चली गयी...

[क्रोध में सिसकते हुए]

बता मुझे,
बोल तनिक,
कौन-सी परिस्थिति थी
जिससे तू छली गयी?

[दायें हाथ में त्रिशूल उठाकर]

प्राण प्रिया!
तुमको यदि सन्ध्या तक
मिली नहीं चेतनता,
यदि तुझसे यह विछोह, चिर होगा,
तो मैं सच कहता हूँ
महाकाल का ताण्डव फिर होगा;
तो तीनों लोकों में
मज्जा दिखेगी नहीं
केवल रुधिर होगा
...और प्रिया!
तेरे इन चरणों में
शीघ्र उस परिस्थिति का
उसके नियन्ता का शिर होगा।

कुबेर : (*घबराकर, तेजी से*)

महादेव कृपा करें।

शोक तजें।
आपकी व्यथा से आन्दोलित है
सप्त-सिन्धु।
दृष्टिगत नहीं होती आज कहीं...

शंकर : (*जैसे परिस्थिति से अवगत होते हुए*)

कौन?
अलकापति!
तुम अब तक गये नहीं?

[क्षणिक विराम]

मन में अविनिश्चित संकल्प ठान,
जाने किस क्षण से प्रेरित अजान,
अभय दे दिया था तुमको मैंने।
तुम अब तक गये नहीं?
मेरे प्रति सहानुभूति चुकी नहीं

कुबेर : महादेव!
मुझे भले कुछ समझें।
लेकिन मैं मनस्ताप
आपका समझता हूँ।
आपकी मनःस्थिति से
चिन्तित है देवलोक।

शंकर : (*घृणा से*)

देवलोक!
देवलोक!! देवलोक!!!

जो कि इस परिस्थिति का
नाथ है, नियन्ता है।
मृत्यु का निमित्त
और प्रेयसि का हन्ता है।
मैं उसको क्षमा नहीं कर सकता...

वरुण : प्रभु!

शंकर : (*गरजकर*)
जाओ तुम!
पल भर में त्यागो कैलास–भूमि
अन्यथा इसी क्षण
मैं तुम्हें भस्म करता हूँ।

[वरुण और कुबेर घबराकर पार्श्व की ओर भागते हैं]

शंकर : (*त्रिशूल उठाकर उन्हें रोकते हुए*)

ठहरो!
हाँ, कह देना विष्णु और ब्रह्मा से,
सन्ध्या तक
सती में न आयी यदि चेतनता
तो मेरा क्रोध देव भोगेंगे।
...रुधिर वमन करेंगी दिशाएँ दश
आवर्त्ती पवन आग उगलेंगे,
चूर्ण–चूर्ण होंगी गिरि–मालायें,
सिन्धु सूख जायेंगे।
कह देना–
होगा दिग्दाह रुधिर वर्षण के साथ–साथ
पूरा ब्रह्माण्ड भस्म कर दूँगा।

[अट्टहास]

[वरुण और कुबेर तेजी से आते हैं और शंकर त्रिशूल की टेक लगाकर एक टाँग में खड़े होकर डमरू बजाने लगते हैं]

शंकर : (*उसी अट्टहास के साथ*)
डमर-डमर बजने दो डमरू
जब तक शक्ति विकास न पाये
जब तक मेरी मृतक प्रिया के
शव में वापस साँस न आये

[जोर से बजाकर]

डमर-डमर बजने दो डमरू
होने दो ताण्डव त्रिलोक में,
महादेव की प्रतिहिंसा भी
देखे देव-समाज शोक में।

[डमरू की आवाज उभरकर धीरे-धीरे मन्द पड़ जाती है और परदा गिरता है]

ब्रह्मा :

पर यदि मुझसे करो अपेक्षा
तो मैं अपने मुँह से
सेना को आदेश नहीं दे सकता।
मैं पहले ही बता चुका हूँ
यह सामूहिक–आत्मघात है।
इसके पीछे कोई जीवन–दृष्टि नहीं
केवल आग्रह है।
...प्राणों की आहुति
युद्ध के नहीं
सत्य के लिए होती है।

दृश्य : चार

[स्थान : ब्रह्मा के भवन का एक कक्ष जिसमें इन्द्र सेनापति के वेश में युद्ध करने के लिए भगवान् ब्रह्मा की अनुमति लेने आये हैं]

इन्द्र : हाँ, युद्ध के सिवा
अब कोई भी विकल्प अवशेष नहीं है।
महादेव शिवशंकर अपनी पूर्व-नियोजित
डाकिनियों, शाकिनियों, प्रेतों और गणों की
सेना लेकर
देवलोक की सीमाओं पर चढ़ आये हैं।
प्रभु!
आज्ञा दें,
महादेव शंकर का पूजन अब युद्धस्थल में ही होगा।

ब्रह्मा : देवराज!
तुम कृत-निश्चय हो?
सब परिणाम विचार लिये हैं?

इन्द्र : प्रभु परिणामों पर क्या सोचूँ?
हानि-लाभ के सन्दर्भों में
मान और मर्यादाओं के प्रश्न नहीं परखे जाते हैं।

ब्रह्मा : मान और मर्यादा पर तुम
थोड़ी-सी गहरायी से सोचो।
किसी व्यक्ति के अपशब्दों से
या कि अकारण तुमको अपमानित करने से

क्रोधित होने से अथवा क्रोधित करने से
किसका मान भग्न,
...किसकी मर्यादाएँ खण्डित होती हैं।

इन्द्र : स्वयं उसी की जो ऐसा आचरण करेगा।

ब्रह्मा : फिर तुम अपने मान
और मर्यादाओं के प्रति शंकित क्यों?
क्यों सेनाएँ सजा रहे हो?

इन्द्र : मात्र एक व्यक्ति ही नहीं प्रभु,
यह शासन की मर्यादा है।
प्रभु शत्रु के समक्ष शस्त्र से
यदि मैं आज न उत्तर दूँगा,
तो त्रिलोक में
मैं कायरता के अपयश का भागी हूँगा।

क्या शासक का धर्म
प्रजा की रक्षा करना नहीं...?

ब्रह्मा : और प्रजा की रक्षा करें युद्ध के द्वारा?
और प्रजा का रक्त बहाये...
क्षण में सब चिन्मय सौन्दर्य रुधिरमय कर दे,
गायन-गुंजित नगर चीत्कारों से भर दे,
जन-विवेक को
वध की बलिवेदी पर धर दे,
यह भी शासक के कर्त्तव्यों में अंकित है?

[एक सैनिक का प्रवेश]

सैनिक : देवराज!
शिव की गण-सेना
निकट आ रही है क्षण-प्रतिक्षण
वह देखें कोलाहल बढ़ता ही आता है

[पृष्ठभूमि में कोलाहल]

तेरह सन्निपात
सौ ज्वर की ज्वालवाला
दो सहस्र भुजधारी
पामर, अत्याचारी
वीरभद्र उसका नायक है।
और हमारी सारी सेना
उद्यत और प्रतीक्षा-रत है।
क्या आज्ञा है?

ब्रह्मा : (*सोचते हुए*)
उनसे कह दो ठहरें!
और निकट आने दें महादेव की सेना।

सैनिक : जैसी आज्ञा।

[विनत होकर चला जाता है]

इन्द्र : देखा प्रभु!
महादेव की महाशक्ति का दम्भ निहारा?
...जैसे हम कृमि-कीट सदृश हों
और धमनियों में हम सबकी
रक्त नहीं पानी बहता हो।
मैं कहता हूँ

सहनशीलता की कोई सीमा होती है।
अब आज्ञा दें
—आत्मसुरक्षा है विधान में
जन्मजात अधिकार सभी का।

ब्रह्मा : मैं आज्ञा दूँ?
लेकिन मैं तो आत्मघात को
आत्मसुरक्षा नहीं समझता।

इन्द्र : आत्मघात?

ब्रह्मा : हाँ, आत्मघात,
वही भी सामूहिक!
मेरे अपने ज्ञानकोश में
युद्ध शब्द का यही अर्थ है।

इन्द्र : किन्तु पराजय के कारण मैं नहीं देखता।
मेरे पास शस्त्र की कोई कमी नहीं है,
मेरे पास अन्न की कोई कमी नहीं है,
मेरे पास वस्त्र की कोई कमी नहीं है :
और न मेरे योद्धाओं का क्षीण मनोबल
और न मैं आक्रामक
मैं तो संरक्षक हूँ।

ब्रह्मा : लेकिन किसके संरक्षक हो?
इन्द्र : देवलोक का।
ब्रह्मा : देवलोक के नहीं
सत्य के संरक्षक को जय मिलती है।
इन्द्र : (*व्यंग्यपूर्वक*)
और सत्य के संरक्षक वे शिवशंकर हैं!

जो कि एक शव के कारण
लड़ने को उद्यत!
न्याय माँगता है जिनका अन्याय अप्रतिहत!
इसीलिए आपके न्याय की तुला
उधर है!

[आवेश में आकर]

लेकिन क्षण भर
पक्षपात से ऊपर उठकर यह बतलाओ,
मेरी ओर नहीं है
तो फिर सत्य किधर है?

[सहसा दो सैनिक तेजी से प्रवेश करते हैं]

एक सैनिक : देवराज!
महादेव शंकर की सेनाएँ
सीमा में दूर तक चली आयीं।
अगणित घर उजड़ गये
धरती हो गयी लाल।
शासन को कोसती हुई जनता पागल है।
वह देखें
नारों की आवाजें बढ़ती ही आती हैं।

[नारों की अस्पष्ट आवाजें]

दूसरा सैनिक : देवराज!
मन्त्र–नाद करते
शिवशंकर हैं स्वयं साथ,
भू–कम्पित

नक्षत्रों की गति है वक्र नाथ!

हमको क्या आज्ञा है?
योद्धा आदेश–विवश विह्वल हैं।

ब्रह्मा : सेना से कह दो वह शान्त रहे
युद्ध के ही प्रश्न पर विचार कर रहे हैं हम।

दोनों सैनिक : जो आज्ञा।

[चले जाते हैं]

इन्द्र : (*विवश क्रोध से*)
खूब कहा प्रभु,
इतना रक्तपात होने पर,
इतनी भूमि निकल जाने पर,
आप अभी तक मेरा प्रश्न विचार रहे हैं!
इससे अच्छा हो कि आप
भगवती सती को जीवन दे दें।

ब्रह्मा : (*आश्चर्य से*)
क्या कहते हो?
देवराज;
क्या यह भी लौकिक नेताओं का प्रजातन्त्र है,
जो जब चाहे
इच्छाओं से परिवर्तन कर
नियमों को अनुकूल बना ले।

इन्द्र : आप सती को जीवन देना नहीं चाहते
तो फिर अब युद्ध के अलावा
कोई और विकल्प नहीं है;

और समस्या का यह अन्तिम समाधान है।

ब्रह्मा : देवराज!
युद्ध...
अधिक-से-अधिक विशिष्ट परिस्थितियों में
समाधान का सम्भव कारण बन सकता है,
यही नियम है।
–लेकिन कोई शासक मन में
स्वयं युद्ध को,
किसी समस्या का किंचित् भी
समाधान समझे तो भ्रम है।

[नेपथ्य में उभरता हुआ कोलाहल तेज हो जाता है। एक उत्तेजित भीड़ का आभास मिलता है और भगवान् ब्रह्मा के उसी कक्ष का दरवाजा पीटा जाता है।]

एक स्वर : *(नेपथ्य से)*
हम ब्रह्मा को नहीं चाहते।
कई स्वर : प्रजातन्त्र में यह मनमानी नहीं चलेगी।

एक स्वर : सेना को आज्ञा दो–
...अथवा,
अपना यह सिंहासन छोड़ो।
कई स्वर : खोलो ये दरवाजे खोलो,
इस कायर शासन को तोड़ो।

ब्रह्मा : (*सहसा शान्त भाव से उठकर द्वार खोलते हुए*)
क्या कारण है?
इतनी उत्तेजना
और ये भीड़-भाड़
–ये नारेबाजी...ये सब क्या है?

[नेपथ्य से फिर वही नारा गूँजता है—"प्रजातन्त्र में यह मनमानी नहीं चलेगी"]

ब्रह्मा : आप लोग अपने प्रतिनिधियों को आने दें
मैं एकाकी सबसे बात नहीं कर सकता।

[द्वार से प्रतिनिधियों को भीतर आने का रास्ता देते हुए]

आप सभी
पहले अपना आवेश त्याग दें,
बैठें शान्त-भाव से मेरे पास
और यह निश्चय जानें,
इस स्थिति में
अगर युद्ध ही एकमात्र है समाधान
तो
सबसे पहले मेरा रक्त गिरेगा भू पर
युद्धस्थल में,
सेना लेकर सबसे आगे मैं जाऊँगा।

कुबेर : (*आवेश में द्वार से भीतर आते हुए*)
कब जाओगे?
तब,
जब ये प्रासाद धूल में मिल जायेंगे?
देवलोक का नाम-निशान न रह जायेगा?

वरुण : (*उसी द्वार के अन्दर आते हुए*)
जब लड़ने को शेष न होगा कोई सैनिक
जब रक्षा के लिए न कुछ भी बच पायेगा।
तब जाओगे?

[जनता के प्रतिनिधियों के रूप में कुबेर और वरुण को देखकर पहले तो भगवान् ब्रह्मा विस्मित होते हैं फिर प्रसन्न और क्षुब्ध]

ब्रह्मा : मैं प्रसन्न हूँ।
देवपुत्र,
मेरे विरोधियों के प्रतिनिधि होकर आये हैं।
उनमें इतना नैतिक साहस है
—जो मुझसे बात कर सकें।

[स्वर बदलते हुए]

पर तुम दोनों
अपने संयम की सीमाएँ लाँघ रहे हो।
सोख लिया है यदि शंकर का
ज्ञान और सन्तुलन शोक ने,
तो तुम भी क्रोधान्ध हुए हो।

शेष : (*अचानक प्रवेश करते हुए*)
तुममें भी उस सहज सत्य के
—अन्वेषण की दृष्टि नहीं है।
हम अन्धे हैं अगर क्रोध से
तो तुम शिव शंकर की ममता से अन्धे हो।

ब्रह्मा : शेष!
तुम भी?
अच्छा तुम्हीं बताओ,
युद्ध स्वयं में
क्या कोई उपलब्ध सत्य है?

ये भी छोड़ो।
मैं कहता हूँ
तुम शासन की किसी नीति या किसी पक्ष से
पहले मुझे युद्ध की अनिवार्यता बता दो।

शेष : यह विवाद
या स्थितियों के विश्लेषण का समय नहीं है।
यह केवल युद्ध का समय है।
क्रोधित शंकर
सीमाओं में घुस आये हैं।
चिल्लाकर अपनी प्रतिहिंसा उद्घोषित करते
फिरते हैं।

कहते हैं—मेरे विरुद्ध
इस देवलोक में दुरभिसन्धि है,
कहते हैं—सारे समाज को
भस्म करेंगे शाप यती के,
कहते हैं—मेरी पत्नी को
जीवन दो या ताण्डव भोगो,
कहते हैं—सब देव और ऋषि
हन्ता हैं भगवती सती के।

ब्रह्मा : लेकिन यह तो उनका मत है...

इन्द्र : और हमारा ऐसा मत है...
जहाँ न्याय की हत्या हो
अन्याय सफल हो,
जहाँ शक्ति को अहंकार हो
सत्य विकल हो,
जहाँ विवश-सा शौर्य
झुकाये शीश, सिहरता,
जहाँ प्रबल हों असुर
और निर्बल हों भर्त्ता,
—वहाँ धैर्य का दुर्ग अन्ततः ढह जाता है
औ' एकमात्र उपाय युद्ध ही रह जाता है।

[इन्द्र के आवेश की प्रतिक्रिया में वरुण, कुबेर तथा शेष भी उत्तेजित हो उठते हैं]

(हाथ उठाकर तीनों चिल्लाते हैं)

शेष : वरुण : कुबेर : | युद्ध करेंगे
अब एकमात्र उपाय युद्ध है

[प्रतिक्रियास्वरूप कक्ष के बाहर खड़ी भीड़ भी चिल्लाती है]

भीड़ : नहीं डरेंगे
अब एकमात्र उपाय युद्ध है।

भीड़ से : ब्रह्मा यह सिंहासन छोड़ो।

एक स्वर

भीड़ : इस कायर शासन को तोड़ो।

ब्रह्मा : (*कोलाहल धीमा होने पर इन्द्र से*)
यह लो शासन-दण्ड सँभालो

[दण्ड देते हुए]

असली शासक तुम हो
मैं तो यों भी परामर्शदाता था
मुझको इस शासन का कोई मोह नहीं है।

पर यदि मुझसे करो अपेक्षा
तो मैं अपने मुँह से
सेना को आदेश नहीं दे सकता।
मैं पहले ही बता चुका हूँ
यह सामूहिक आत्मघात है।
इसके पीछे कोई जीवन-दृष्टि नहीं,
केवल आग्रह है।

शिव–सेनानी वीरभद्र
कैलासनाथ का जटा–पुत्र है,
गण उनके ही मनस्तत्व हैं
डाकिनियाँ, शाकिनियाँ, भूत–प्रेत
उनके अन्तर्विकार हैं।
रक्तपात से शिव में और विकार बढ़ेंगे।
और नये गण–सैनिक भूत–प्रेत जन्मेंगे।
—देवलोक के वीर
भला कब तक उन सबसे लोहा लेंगे?

इन्द्र : इसका अर्थ हुआ कि शक्ति के भय से
हम शत्रु को न रोकें,
प्राणों का कर मोह
घरों में छुप जायें अपमानित होकर;
डरें युद्ध से,
रक्तपात के भय से काँपे
कामिनियों से रास रचायें
पौरुष की मर्यादा खोकर?

ब्रह्मा : इसका है ये अर्थ
दृष्टि के बिना अकारण युद्ध न ठानें,
युद्ध अधिक–से–अधिक एक कारण है
उसको सत्य न मानें,
प्राणों की आहुति
युद्ध के नहीं
सत्य के लिए होती है!

[कक्ष के दूसरे द्वार से मुस्कुराते हुए विष्णु का प्रवेश]

विष्णु : ऐसा प्रतीत होता है
जैसे देव-बन्धु,
अत्यन्त गूढ़-गम्भीर प्रश्न में हों निमग्न।
मैं तो यों ही कोलाहल सुनकर खिंच आया।
मेरा आगमन
अनावश्यक
या अनाहूत तो नहीं हुआ।

इन्द्र : (*विनम्र होते हुए*)
भगवान् विष्णु का स्वागत है।
कण-कण में रमनेवाले अन्तर्यामी भी
क्या अनाहूत हो सकते हैं?

ब्रह्मा : (*समुचित आदर देते हुए*)
मात्र समस्याएँ होती हैं अनाहूत केवल जीवन में
बन्धु!
आप तो समाधान हैं।
स्वागत है।

[विष्णु आसन ग्रहण करते हैं]

इन्द्र : (*आगे बढ़कर*)
प्रभु!
आपको विदित है
शंकर
देवलोक की सीमाओं में घुस आये हैं...
और आपके सहयोगी श्री ब्रह्मा हमको
रक्षा की भी अनुमति देना नहीं चाहते।
सारी जनता असन्तुष्ट है।

विष्णु : मुझे विदित है।

वरुण : हमको भय है
यहाँ उलझते रहे परस्पर हम चर्चा में
वहाँ हमारी सेनाएँ आशंकित होकर
शासन से विद्रोह न कर दें।

कुबेर : या उनका अविरोध देखकर
शंकर की सेनाएँ
आगे तक बढ़ आयें
अथवा अलका पर चढ़ जायें।

[उसी समय नेपथ्य से एक नागरिक की पीड़ा भरी आवाजें आती हैं]

एक नागरिक : आह!
लुट गये
आह! मिट गये
इन सब हत्यारों ने हमको
रक्षा का आश्वासन देकर लूट लिया।
भूमि छिन गयी
आँखों का सारा आकाश खो गया।
अब अँधियारे में टटोलते फिरते हैं हम
—ओ मेरी जिन्दगी कहाँ है तू?
ओ मेरी जिन्दगी कहाँ है तू?

दूसरा नागरिक : आह न जाने
कैसे कापुरुषों का संरक्षण पाया है?
मेरे उत्तरवासी
सब सम्बन्धी बेघरबार हो गये
सब शरणार्थी
सब शरणार्थी

पूर्वजन्म में जाने कितने पाप किये थे
जो इन कापुरुषों का संरक्षण पाया है...

शेष : (*विष्णु को सम्बोधित करके*)
सुनते हैं प्रभु ये आवाजें...
देख रहे हैं...

सर्वहत : (*शरणार्थी के वेश में लड़खड़ाता हुआ उसी द्वार से मंच पर प्रवेश करता है जिससे वरुण, कुबेर आदि प्रतिनिधि आये थे*)

मैं सुनता हूँ...
मैं सब कुछ सुनता हूँ
सुनता ही रहता हूँ
देख नहीं सकता हूँ
सोच नहीं सकता हूँ
और सोचना मेरा काम नहीं है
उससे मुझे लाभ क्या...
मुझको तो आदेश चाहिए
मैं तो शासक नहीं
प्रजा हूँ
मात्र भृत्य हूँ
इसीलिए केवल सुनना मेरा स्वभाव है।

ब्रह्मा : तुम किसलिए यहाँ आये हो?
जबकि तुम्हारे प्रतिनिधियों से बात हो रही है
तो तुमको
भीतर आने की आज्ञा किसने दी?

सर्वहत : मैं? हाँ...
मैंने पहचान लिया

मैंने सुनकर ही पहचान लिया
–ठीक वही स्वर
–वही
जो मेरे महलों में एक रोज
भूखों की भीड़ ले आया था।
बोलो...
क्या तुमने भी मुझको पहचान लिया?

[रुककर]

याद नहीं आता क्या?
पर मुझको याद है
मैं कभी सुनने में भूल नहीं कर सकता।
हाँ, मुझको याद है
    कि मैंने तुमसे
यह कभी न पूछा था–
तुम किसकी आज्ञा से आये हो?
मैंने तो बाँहें फैलाकर तुम्हें अनायास
अपनी यह देह भेंट कर दी थी
पर तुमने कुछ भी न खाया था...

[रुककर]

ये भी तुम्हें याद नहीं?
ओह!
अब समझा,
तुम शासक हो
उनकी स्मरण–शक्ति दुर्बल हो जाती है।
छोटी–छोटी बातें उन्हें याद नहीं आती हैं।

पर तुम जाने कैसे शासक हो!
और...जाने कैसी है तुम्हारी यह प्रजा,
–जरा–जरा बातों पर चीखती–चिल्लाती है
शासन के दरवाजे पीटती है
नारे लगाती है
और शत्रु–सेना की तरह घिरी आती है...

[सीने पर हाथ मारकर]

अरे...प्रजा हम थे
हमने उफ तलक नहीं की
शासन के गलत–सलत झोंकों के आगे भी
फसलों–से विनयी हम बिछे रहे निर्विवाद
हमारे व्यक्तित्व के लहलहाते हुए
खेतों से होकर–
दक्ष ने बहुत–सी पगडण्डियाँ बनायीं
कर दी सब फसलें बरबाद
पर हम नहीं बोले...बिछे रहे
हमने पथ दिया सबको
क्योंकि हम प्रजा थे...

विष्णु : पर अब तुम
हमारी प्रजा हो...दक्ष की नहीं हो।
यहाँ तुम बिछोगे नहीं
तुममें से होकर अब
कोई पगडण्डी भी नहीं बना पायेगा।

सर्वहत : पर अब मैं
एक पगडण्डी के सिवा और क्या हूँ?
–धूल भरी विस्मृत–सी पगडण्डी एक :

जिस पर थके और जख्मी पदचिह्न हैं अनेक :
और जो परम्परा की तरह,
एक दायरे में,
चक्कर लगाती हुई चलती है,
अब तो मैं खेत भी नहीं हूँ
और अगर खेत हूँ भी तो
अब मुझमें फसल कहाँ फलती है?

विष्णु : किन्तु बन्धु!
यहाँ किस प्रयोजन से आये हो?
हमको बतलाओ तुम।
शायद तुम्हारे लिये
हम कुछ कर सकते हों!

सर्वहत : तुम क्या कर सकते हो,
कोई क्या कर सकता है
यह उसकी अपनी सामर्थ्य और क्षमता पर
निर्भर है,
यह कोई सार्वजनिक प्रश्न नहीं।
...हाँ।
...लो मैं अपना प्रयोजन ही भूल गया
यह प्रयोजनी समाज!
जिसमें हर बात का प्रयोजन
देखा जाने लगा है आज।
मैं इसमें आकर
प्रयोजन ही भूल गया।
...हाँ, मुझको याद आया
—शायद मैं भूखा हूँ
—रोटी के लिए यहाँ आया हूँ।

–नहीं! नहीं!!
–रोटी नहीं,
–माँस और मदिरा।
–नहीं, ये भी नहीं
शायद कुछ और....
शायद थोड़ा–सा रक्त।

[उल्लासपूर्वक]

हाँ, याद आया
रक्त!
लाल–लाल
ताजा–ताजा
गरम–गरम रक्त!

[अधरों पर जीभ फेरकर]

तुम मुझको चुल्लू भर रक्त
पिला सकते हो?
आह!
आज मैं प्यासा हूँ।
देखे ना!
सूखे पड़े हैं मेरे होंठ
जिन पर पपड़ियाँ उभर आयी हैं।
दक्ष के नगर में मैंने
बहुत दिनों
नहीं मिला पानी तो रक्त ही पिया
और उसी पर जिया।
तुम मुझको थोड़ा–सा
रक्त दिला सकते हो?

ब्रह्मा : दक्ष का नगर ये नहीं है
देवलोक है।
यहाँ तुम्हें रक्त नहीं मिल सकता।

विष्णु : एक बूँद रक्त यहाँ बहुत मूल्य रखता है।
बन्धु हम अगर चाहें
तो भी हम रक्त का प्रबन्ध नहीं कर सकते।

सर्वहत : क्या बच्चों-सी बातें करते हैं आप लोग।
आप लोग शासक हैं
और शासकों को कहीं
रक्त की कमी हुआ करती है।
आप लोग चाहें तो मेरे लिये
रक्त का समुन्दर भर सकते हैं।
—पर मैं समझता हूँ
मुझको बहलाते हैं आप लोग।
आप लोग मुझसे हैं असन्तुष्ट
अप्रसन्न।
आप नहीं
सभी लोग
...सभी मुझे देखकर घृणा से थूक देते हैं
मुझे मार डालने के लिए लपकते हैं।
पर मेरा दोष क्या है?

ब्रह्मा : (*चिढ़े हुए स्वर में*)

बन्द करो यह प्रलाप
हम इतनी देर सहन करते रहे शब्द-श्राप

और क्या तुम्हारा यही दोष कुछ कम है।
तुम अपने
स्थिति-सन्दर्भों से कटे हुए
श्राप हो समय के,
और भार हो हमारे वर्तमान पर;

तुम अब भी उस क्षण में जीते हो
जो कि एक काला-सा धब्बा है
जीवन के
उजले विहान पर।

सर्वहत : (*आश्चर्य से*)
बस...
इसीलिए तुम मुझको
    प्यासा मार डालोगे
    रक्त नहीं दोगे
सिर्फ इसीलिए
काश!
यह पता होता पहले से मुझे
कि चाहे वह दक्षलोक हो
    अथवा देवलोक
साधारण लोगों को कहीं
न्याय मिलता नहीं
तो मैं यह रक्तपान करने की
बात छोड़ देता!

इन्द्र : मित्र!
'साधारण लोगों को न्याय नहीं मिलता है'
ये कहना
बिलकुल आधारहीन-सी है एक बात।

सर्वहत : क्यों?
क्या अपने महादेव शंकर के साथ
इन्हीं लोगों ने
किया नहीं पक्षपात?
सीमा पर उनके लिए
–रक्त की नदियाँ खुलवा दीं...
और मुझसे कहते हैं–
'यहाँ रक्त नहीं मिल सकता
यहाँ रक्त है अमूल्य।'

बतलाओ–
मुझमें या शिव में क्या अन्तर है?
यही न कि मैं तो सर्वहत हूँ
–साधारण हूँ
और वो विशिष्ट देवता हैं, शिवशंकर हैं!
किन्तु प्यास दोनों की एक-सी है।

[हँसता है और कुछ याद कर सहसा रुक जाता है]

ओह!
किन्तु क्षमा करें
भटक गया था मैं,

[रोते हुए]

मैं तो प्रजा हूँ
मुझे क्या हक है...?
क्या हक है जो मैं प्रलाप करूँ?
आपका अमूल्य समय नष्ट करूँ?

क्षमा करें प्रभु
मुझको क्षमा करें।

[रोता हुआ ब्रह्मा के चरणों में अचेत-सा गिर जाता है]

वरुण : क्या इसका प्राणान्त हो गया?
कुबेर : आओ देखें।
विष्णु : (*एक दृष्टि सर्वहत पर डालकर*)
नहीं,
अभी तक सिसक रहा है।

इन्द्र : (*उच्छ्वास छोड़ते हुए*)

इसकी बातें कितनी कड़वी थीं
लेकिन कितनी सच्ची हैं।
उनके सन्दर्भों में मुझको
महादेव का कृत्य, मात्र हिंसा लगता है
इसकी रक्तपान की लिप्सा जैसा
—तर्कहीन पागलपन।

[ब्रह्मा से]

प्रभु!
क्या अब भी
कहीं आपके मन में थोड़ी-सी दुविधा है?
अब भी शंकर का औचित्य
सिद्ध करने पर तुले हुए हैं?

ब्रह्मा : मैंने कब शिव शंकर का
औचित्य सिद्ध करना चाहा था?

मैंने तो केवल चाहा था
तुम अपना औचित्य समझ लो–
तुम सत्य से आँख मत मींचो।
यदि तुमको जय ही अभीष्ट है
अपनी ओर सत्य को खींचो।
प्राणों की आहुति
युद्ध के नहीं
सत्य के लिए होती है।

[द्वार पर खड़ी जनता में प्रतीक्षा का कोलाहल उभरता है और एक नागरिक द्वार में से कुछ आगे आकर कहता है]

एक नागरिक : हम ये लम्बी–लम्बी
नीरस बहसें सुनकर ऊब चुके हैं।
कब से खड़े हुए सब–के–सब
हम निर्णय के अभिलाषी हैं।

पीछे भीड़ की आवाज : हम निर्णय के अभिलाषी हैं।

विष्णु : धीरज रक्खो
न्याय करूँगा।
चाहे शंकर मेरे कितने निकट–मित्र हों,
चाहे ब्रह्मा जी मेरे कितने अभिन्न हों,
पर मैं अपना मत
सत्य के पक्ष में दूँगा।

[उसी सैनिक का प्रवेश]

सैनिक : (*किंचित् घबराये हुए स्वर में*)

देवराज!
क्या आज्ञा है?

विष्णु : (*विश्वासपूर्ण गाम्भीर्य से*)
सैनिक!
सबसे जाकर कह दो
शीघ्र युद्ध होनेवाला है।
क्षीर सिन्धु के वासी विष्णु
हमारी सेना के नायक हैं
सेना से कह दो
वह सीमाओं पर जाये।
कह दो उससे
शत्रु न आगे आने पाये।
जल्दी जाओ
कह दो सबसे।
रण के मारू वाद्य बजाओ।

सैनिक : (*प्रसन्नतापूर्वक*)

जो आज्ञा प्रभु,

[ब्रह्मा प्यार और प्रशंसा से विष्णु को देखते हैं]

विष्णु : देवराज!
तुम अपना धनुष बाण मुझको दो,
मेरे मत में
पहले कर्म हुआ करता है–
फिर उसकी व्याख्या होती है...

[इन्द्र धनुषबाण देते हैं, जिसकी प्रत्यंचा खींचकर, मन्त्र पढ़कर विष्णु एक बाण छोड़ते हैं जिससे तीव्र नाद होता है। उपस्थिति देवगण एवं जनता अनायास भगवान् विष्णु

की जयकार कर उठती है। जय-जयकार करती भीड़ के क्रमशः दूर होते जाने का आभास]

इन्द्र : देखा प्रभु!
भगवान् विष्णु ने भी कर्म को महत्ता दी है।

ब्रह्मा : हाँ, यदि वह चिन्तन–प्रसूत हो,
धर्मजन्य हो।

विष्णु : देवराज!
मैंने जो कर्म किया है वह चिन्तन–प्रसूत है।
उसका फल
क्षण दो क्षण में सम्मुख आयेगा।
मैंने अपना पक्ष तौलकर
सत्य समझकर ही शंकर पर
अपना प्रथम बाण छोड़ा है :
इसके द्वारा
उनका एक स्वप्न तोड़ा है।
मुझे ज्ञात है
हर परम्परा के मरने पर थोड़े दिन तक
सारा वातावरण शून्य से भर जाता है,
औ' परम्परा के चरणों में नतमस्तक
उसका हर पोषक
सहसा मन में डर जाता है।
अथवा आक्रामक या हिंसक हो उठता है।

[सर्वहत को, झुककर उठाने का यत्न करते हुए]

देखो–ये भयभीत
और शंकर हिंसक हैं।
लेकिन इसके बावजूद फिर
थोड़े दिन पश्चात् शून्य की उसी भूमि पर,
कोई नया रूप धर

नन्हा अंकुर एक उभर आता है,
जो कि अन्ततः
हर उपेक्षा पर अपना विकास पाता है।

इन्द्र : समझ गया मैं
एक सत्य से कट जाने पर

[सर्वहत की ओर संकेत करके]

कह सामर्थ्यहीन साधारण जन
केवल भयभीत हो गया,
पर कैलासनाथ ने सहसा,
आक्रामक का रूप कर लिया पल में धारण।
नये सत्य से जोड़ नहीं पाये वे खुद को
शव के कारण।

वरुण : इसीलिए अंकुर को ऊपर आने देना नहीं चाहते।
लेकिन प्रभु,
शिव शंकर वह शव कब त्यागेंगे?
भूमिसात् होगी कब वह दुर्गन्ध कि जिससे
सारा वातावरण ग्रस्त है।
कब उस शव का खाद ग्रहण कर
उस मिट्टी की पृष्ठभूमि पर
नव अंकुर ऊपर आयेगा।

सर्वहत : (*कष्ट से सिर उठाने का यत्न करते हुए धीरे से*)

मैं बतलाऊँ कब आयेगा!

इन्द्र : (*सर्वहत की उपेक्षा करते हुए*)
प्रभु,
क्यों लोग 'नये' को ऊपर आने देना नहीं चाहते?

[सर्वहत की ओर संकेत]

चाहे वे साधारण जन हों,
अथवा महादेव शंकर हों
क्यों इनमें अधिकांश लोग लाशें ढोते हैं;
—लाशें मरी मान्यताओं की
मरे विचारों की
भावों की...।

विष्णु : लाशें ढोनेवाले अक्सर
खुद भी तो लाशें होते हैं।

इन्द्र : लेकिन ऐसा क्यों होता है?

विष्णु : क्योंकि सत्य का ताप
बड़े संयम से औ' श्रम से मिलता है,
जिसमें उद्घाटित होता है सत्य
उसे सृजन का सुख मिलता है,
किन्तु सृजन से पहले की पीड़ाओं जैसा
पीड़ा इसमें भी होती है...

सर्वहत : और उसी से सब बचते हैं :

[कष्ट से खड़ा हो जाता है]

सब बचते हैं..
मैं बतलाऊँ क्यों बचते हैं...
मैंने भी मुर्दे ढोये हैं
मैं केवल बतला सकता हूँ
मैं अपनी गर्दन नीची रखता हूँ
लेकिन

मुझे पता है

इन्द्र : तुम्हीं बताओ!

सर्वहत : जो अपनी गर्दन ऊँची रखते हैं
वे भी
नये सत्य को सम्मुख पड़कर नहीं देखते,
वे भी सहसा नये प्रश्न से नहीं जूझते
उससे लड़कर नहीं देखते,
सिर्फ व्यस्तताओं की रचना करके
उसे टाल जाते हैं
और युद्ध भी एक व्यस्तता का नाटक है।

[सहसा व्यंग्य मिश्रित आवेश में आकर इन्द्र से]

तुम भी न्याय के नाम पर
यह नाटक रचना चाहा था,
नये सत्य की सृजन-व्यथा से
कतराना बचना चाहा था।
तुम भी तो अपवाद नहीं हो!
तुम भी तो ऽ अपवा ऽऽ द...हा हा हा...
रण का निर्णय लेते समय
बताओ तुमने क्या सोचा था?

[हँसता हुआ मंच से चला जाता है]

इन्द्र : (*स्वगत सोचते हुए*)

चला गया वह...
मुझमें जलते हुए प्रश्न की आग ढालकर
मेरे चिन्तन के सोये जल को खँगालकर।

पागलपन का दप सँजोये
चला गया वह मूर्ख कहीं का!

विष्णु : उस पर क्रोधित क्यों होते हो?
उस जैसे साधारण जन को
परिवर्तन का विष पीना
और पचाना
सरल नहीं है।
यों भी यह कोई साधारण कार्य नहीं है...
लेकिन उनका प्रश्न
तुम्हारे लिये बोध है।
रण का निर्णय लेते समय बताओ
तुमने क्या सोचा था।

इन्द्र : (*पृष्ठभूमि में फिर सर्वहत की हँसी और यही प्रश्न उभरता है। इन्द्र पश्चात्तापपूर्वक रुककर सोंचते हुए*)

मैंने...क्या सोचा था?
सचमुच...क्या सोचा था!
मैं प्रतिहिंसा से पागल था शायद!
शायद कुछ भी सोच नहीं पाया उस क्षण!
प्रभो! आपने आज
दृष्टि के अवरोधों को खोल दिया है,
यों लगता है
मानो मैंने मरकर फिर से जन्म लिया है।
प्रभु...

विष्णु : बोलो
शायद मन में कुछ शंका है...
इन्द्र : हाँ,

प्रभु मैं आश्वस्त नहीं हूँ।
अभी भृत्य ने बतलाया था
लोग व्यस्तताओं का यों ही
झूठमूठ नाटक रचते हैं
और सत्य की सृजन-पूर्व जैसी पीड़ाओं से बचते हैं।
क्यों ये सम्भव नहीं कि शव भी
इसी वंचना में डूबे हों आँख मींचकर?
क्या ये सम्भव नहीं दृष्टि दें आप उन्हें भी
और जगा दें अकस्मात् आवरण खींचकर?
फिर प्रभु...क्यों आपने
आत्म-साक्षात्कार का
अवसर दिये बिना ही उन पर बाण चलाया...
क्या शिव में संक्रमण-काल का
विष पीने की शक्ति नहीं है?
क्या वे यों ही नीलकण्ठ हैं?

विष्णु : मैं इस चिन्ता पर प्रसन्न हूँ।
देवराज, विश्वास रखो यह
जैसा तुमने चाहा है,
वैसा ही होगा।
मुझे पता है
इस त्रिलोक में
महादेव का एक कण्ठ केवल विषपायी,
जिसकी क्षमताएँ अपार हैं।
तुम अपने अन्तस् से यह विषद धो डालो।

मैंने एक प्रणाम-बाण छोड़ा है
जिसके कई फलक हैं
वे सारे
शिव के कन्धों पर पड़ी हुई भगवती सती के

शव को खण्ड-खण्ड कर पल में
दिशा-दिशा में छितरा देंगे।
जहाँ-जहाँ वे खण्ड गिरेंगे
वहाँ सत्य के नये-नये अंकुर उपजेंगे
और धर्म के तीर्थ बनेंगे
लेकिन...मेरा मूल बाण शिव के चरणों में
एक चुनौती या प्रणाम का अर्थ कहेगा,
चाहे वे प्रणाम स्वीकारें
चाहे वे युद्ध की चुनौती,
हर हालत में सत्य हमारी ओर रहेगा,
...अन्तिम विजय हमारी होगी।

[इन्द्र अन्य देवताओं सहित ब्रह्मा-विष्णु की अभ्यर्थना में पृथ्वी पर झुक जाते हैं। प्रकाश-व्यवस्था द्वारा मंच पर पवित्र एवं भव्य वातावरण की सृष्टि होती है। नेपथ्य में स्तोत्र गायन एवं मंगल-वाद्य मुखर हो उठते हैं, जिनके ऊपर सहसा मुनादी की-सी शैली में उद्घोषक का स्वर उभरता है। उद्घोषणा के पहले वाक्य पर ही परदा गिर जाता है किन्तु उद्घोषणा चलती रहती है।]

उद्घोषक : सुनें सब प्रजा
यह समाचार सुनें
महादेव शंकर की सेनाएँ
लौट गयीं...।
सीमा पर रक्तपात
नहीं हुआ...।
युद्ध हो गया समाप्त।
सुने सब प्रजा
यह समाचार सुनें...।

●●●

इस काव्य नाटिका के बारे में

आम तौर पर काव्य-नाटिकाओं के विषय प्रायः मिथक ही होते हैं। मिथक जो हमारे चेतन के साथ-साथ अवचेतन से भी गहरे तौर पर जुड़े होते हैं। परम्परागत रूप से इनका प्रभाव हमारे जीवन और संस्कृति पर प्रबल होता है। इन मिथकों से रचनाकारों को एक कथ्य मिल जाता है जिसके सहारे रचना का पूरा वितान रचा जा सकता है। धर्मवीर भारती के 'अन्धा युग' के बाद दुष्यन्त कुमार द्वारा लिखी गयी महत्त्वपूर्ण काव्य-नाटिका 'एक कण्ठ विषपायी' भी इसका अपवाद नहीं है। शिव-सती प्रसंग को आधार बनाकर लिखी गयी इस काव्य-नाटिका में दुष्यन्त कुमार ने बड़ी बेबाकी से कई ऐसे प्रसंगों को उठाया है जो हमारे समय में प्रासंगिक हैं। देवताओं में शिव ऐसे मिथक हैं जो औरों से बिलकुल अलग आभावाले हैं। चाहे उनका पहनावा हो, चाहे उनकी सवारी नन्दी, चाहे उनका खान-पान हो, चाहे उनके गण-अनुचर सब आम आदमी के आस-पास के बिम्ब हैं। इस शिव की ख़ासियत यही है कि अगर इनका तीसरा नेत्र खुल गया तो फिर दुनिया को ख़ाक होते देर नहीं लगेगी। सभी प्रार्थना करते हैं कि यह नेत्र यूँ ही बन्द रहे। क्या यह शिव उस आम आदमी की शक्ति का पर्याय नहीं जिसके जगने पर सत्ताधीशों को ज़मींदोज़ होते देर नहीं लगती। ये सत्ताधीश अपनी भलाई इसी में समझते हैं कि शिव अपना नेत्र बन्द रखें। अर्थात् जनता अपनी शक्ति अपने सामर्थ्य को भूली रहे। वह सोयी ही रहे, किसी भी क़ीमत पर जगने न पाये। यह शिव जो कि एक जन-प्रतीक है, दुनिया भर के विष को अपने कण्ठ में समाहित किये हुए है। क्या दूसरे किसी प्रतीक में विष को भी आत्मसात् करने की ऐसी ही क्षमता है। ख़ासकर अपने स्वार्थों को दरकिनार कर इस दुनिया को बचाने के लिए गरल को अपने ही कण्ठ में समाहित कर लेने का साहस शिव के अलावा, मेरी जानकारी में तो किसी और मिथक में नहीं दिखायी पड़ता। इसीलिए शिव अनूठे, बिलकुल अलग और 'शिव' हैं।

काव्य-नाटिका 'एक कण्ठ विषपायी' का वितान चार अंकों में फैला कुछ ऐसा ही है।

पहला अंक दक्ष और उनकी पत्नी वीरिणी के संवाद से शुरू होता है। चर्चा दक्ष द्वारा शिव की आलोचना से प्रारम्भ होती है जिसका बचाव वीरिणी करती हैं। वस्तुतः दक्ष सती द्वारा शिव से शादी को लेकर अप्रसन्न हैं और शिव की आत्म-प्रतिष्ठा को ठेस पहुँचाना चाहते हैं। इसी को ध्यान में रख वे एक विराट् यज्ञ का आयोजन कर रहे हैं जिसमें कैलास लोक के हर प्रतिवेशी को तो बुलाया गया है लेकिन जामाता शिव को जान-बूझकर आमन्त्रित नहीं किया गया है। इससे सती क्षुब्ध हैं। वस्तुतः शिव से विवाह करने की सती की ज़िद को दक्ष अपनी प्रतिष्ठा पर एक बड़ा आघात मानते हैं। ऐसी मनोवृत्ति उस

पितृसत्तात्मक समाज की होती है जो स्त्री जाति को अपने अनुसार हाँकना चाहता है। स्त्री की तनिक भी स्वतन्त्रता उसे बर्दाश्त नहीं होती। अगर स्त्री ने अपने मन से कोई निर्णय ले लिया तो यह पुरुष समाज के लिए नाक़ाबिले बर्दाश्त होता है। मानसिक दोहन के क्रम में पुरुष समाज इसे अपनी इज़्ज़त और मर्यादा से जोड़ लेता है। मिथक में इस घटना का होना यह भी बताता है कि पितृसत्तात्मक समाज की यह मनोवृत्ति आज की नहीं बल्कि बहुत पुरानी है। सती के सन्दर्भ में दक्ष की यह सोच भी उसी रूढ़ परम्परा को दर्शाती है जो पुरुष को ही श्रेष्ठ तथा बेहतर एवं स्त्री को हेय एवं निम्नतर मानता है। अपने अहमक़पने में दक्ष यह भी भूल जाते हैं कि सती न केवल शिव की पत्नी हैं बल्कि उनकी पुत्री भी हैं। अन्ततः यज्ञ वेदिका में सती द्वारा अपनी आत्माहुति देने के साथ ही पहले अंक का समापन होता है।

दूसरा अंक उस तबाहीवाले दृश्य से शुरू होता है जिसमें दक्ष की समूची नगरी भग्न दिखायी पड़ती है। युद्ध अन्ततः अपने साथ तबाही ही लाता है। तभी तो जब ब्रह्मा कहते हैं कि 'शेष यहाँ कुछ भी नहीं बचा' तो सर्वहत कहता है 'कौन कहता है/ यहाँ कुछ भी नहीं है शेष/ यहाँ शेष ही तो है सब-कुछ/ देखो सारे नगर में ताजा/ जमा हुआ रक्त है/ और सड़ी हुई लाशें हैं/ मुड़ी हुई हड्डियाँ हैं/ क्षत-विक्षत तन हैं/ और उन पर भिन्नाते हुए / चीलों और गिद्धों के झुण्ड/ और मक्खियाँ हैं।' वस्तुतः ये युद्ध शासकों की महत्त्वाकांक्षाओं की परिणति होते हैं जिसकी चक्की में सिर्फ़ जनता ही पिसती है। जनता के प्रतिनिधि के तौर पर आये पात्र सर्वहत के आत्मसंवाद में यह सवाल मुखर होकर आता है कि जनता क्या है? 'राज्य की प्रजा' या 'शायद कुछ भी नहीं' या 'सब-कुछ।' यह सवाल आज भी प्रासंगिक है और दिक़्क़त यह कि इसका ठीक-ठीक जवाब आज तक नहीं ढूँढ़ा जा सका है। इसी अंक में एक अन्य प्रसंग में विष्णु कहते हैं कि 'प्रजापति दक्ष ने यज्ञ नहीं युद्ध का आयोजन किया था।' इतिहास गवाह है कि फासीवादी ताक़तें अपने को ताक़तवर बनाने के लिए पहले-पहल आकर्षक राष्ट्रवाद का सहारा लेती हैं और जनता की भावनाओं का दोहन कर अपना हित साधती हैं। और जब तक उनकी हक़ीक़त समझ में आये तब तक सब-कुछ नष्ट-भ्रष्ट हो चुका होता है। जीतते-हारते शासक हैं, रही जनता की बात तो वह तो हमेशा हारती ही है। इतिहास गवाह है कि हर ज़माने में शंकर को ही कालकूट पीना पड़ता है।

तीसरे अंक में शोक-सन्तप्त शिव का आत्मालाप और उनके द्वारा दी गयी ध्वंस की चेतावनी है। शिव पूछते हैं 'देवत्व और आदर्शों का परिधान ओढ़ /मैंने क्या पाया? निर्वासन! प्रेयसि वियोग!!/ हर परम्परा के मरने का विष मुझे मिला/ हर सूत्रपात का श्रेय ले गये और लोग।' हमारी यह दुनिया ऐसी ही है जहाँ काम करनेवाले लोग जिनके दम पर समाज और राष्ट्र का समूचा कारोबार चलता है, वे हीन माने जाते हैं और भूखे-प्यासे रह जाते हैं। इसके विपरीत परिश्रम को हेय माननेवाले लोग उच्च माने जाते हैं और सारे ऐशो आराम के साथ जीवन यापन करते हैं। ऐसे लोग प्रभु वर्ग के लोग होते हैं। इस प्रभुता का आकर्षण विचित्र होता है। इसे उद्घाटित करते हुए शिव कहते हैं 'धन के दृष्टि नहीं होती / भावना-शून्य हो जाते हैं / धनवान लोग।/ आत्मस्थ बना देती है सत्ता मित्रों को / आचरण बदल जाते हैं उनके क्षण-क्षण / अपनत्व खत्म हो जाता है/ बच रहता है थोड़ा-सा शिष्टाचार / और औपचारिकता / प्रभुता का ऐसा ही होता आकर्षण।' यह विडम्बना ही है कि जो सत्ता जनता के जीवन की बेहतरी के लिए होनी चाहिए वह अपनी ही बेहतरी के

प्रयासों में मशग़ूल हो जाती है। सत्ता बिलकुल अपना-सा लगनेवाले व्यक्ति को भी बदल डालती है। सत्ताधारी व्यक्ति की सोच और आचरण पूरी तरह बदल जाती है।

काव्य-नाटिका के चौथे और अन्तिम अंक में शिव के देवलोक पर आक्रमण और कोप का सामना करने के लिए देवताओं के बीच हुई बातचीत को आधार बनाया गया है, अन्ततः विष्णु 'कई फलक वाले प्रणाम वाण' को छोड़ते हैं जो शिव के कन्धे पर पड़ी हुई सती के शव को खण्ड-खण्ड कर काटकर दिशाओं में छितरा देते हैं। और काव्य-नाटिका का यहीं पर समापन हो जाता है। इस अंक में युद्ध की अनिवार्यताओं पर देवताओं के बीच एक बहस वर्णित है जिसमें कई मौजूँ समस्याओं को उठाया गया है। शासक आज भी अपनी भली-बुरी हर बात को मनवाने के लिए युद्ध को ही अन्तिम साधन मानता है भले ही उसका दुष्परिणाम जनता को युगों तक चुकाना पड़े। इसी प्रसंग में द्वितीय विश्व युद्ध के अन्तिम दिनों में जापान के हिरोशिमा और नागासाकी शहरों पर गिराये गये परमाणु बम की याद आती है, जिसके बाद यह भयावह युद्ध औपचारिक तौर पर समाप्त हुआ था। इसमें कोई संशय नहीं कि जापान धुरी राष्ट्रों की उस मण्डली में शामिल था जिसका चिन्तन फासीवाद से आप्लावित था। उसका अहम् इतना बड़ा था कि वह अमरीकी तर्ज़ पर 'एशियाई मुनरो सिद्धान्त' की घोषणा करने लगा। इसके बावजूद एक सवाल तो यह है ही कि क्या उस समय जापानी जनता भी वही चाहती थी जो उसके शासक चाहते थे। अगर नहीं तो उस नगर पर बम गिराने का क्या औचित्य था जहाँ बेक़सूर जनता रहती थी। कुछ समय के लिए उस समय की पूरी जापानी जनता को भी दोषी मान लिया जाय तो आगे आनेवाली उन पीढ़ियों का क्या दोष था जो एक लम्बे समय तक लूली, लँगड़ी, अन्धी और बहरी पैदा होती रही। कोई भी चिन्तक किस बिना पर इस युद्ध को वाजिब ठहरा सकता है। इसी के मद्देनज़र चौथे अंक में एक बातचीत में ब्रह्मा कहते हैं 'युद्ध अधिक-से-अधिक विशिष्ट परिस्थितियों में समाधान का सम्भव कारण बन सकता है...लेकिन कोई शासक मन में स्वयं युद्ध को, किसी समस्या का किंचित् भी समाधान समझे तो भ्रम है।' (पृष्ठ 108) कवि दुष्यन्त कुमार का युद्ध के प्रति यह चिन्तन मानवता के प्रति एक कवि की प्रतिबद्धता एवं संवेदनशीलता को पूरी तरह स्पष्ट कर देता है।

काव्य-नाटिका में एक पात्र है 'सर्वहत'। ख़ुद दुष्यन्त कुमार ने अपने आभार में इस बात का ज़िक्र किया है कि 'सर्वहत नामक यह पात्र बाद में काव्य-नाटिका में समाविष्ट हुआ जो अनायास ही उभरकर आधुनिक प्रजा का प्रतीक बन गया।' दरअसल यह सर्वहत उस सर्वहारा वर्ग का ही प्रतिनिधि है जो हर जगह उपेक्षित रहता है। एक जगह यह सर्वहत कहता है 'मैं सुनता हूँ.../ मैं सब-कुछ सुनता हूँ/ सुनता ही रहता हूँ/ देख नहीं सकता हूँ/ सोच नहीं सकता हूँ/ और सोचना मेरा काम नहीं है/ उससे मुझे लाभ क्या/ मुझको तो आदेश चाहिए/ मैं तो शासक नहीं प्रजा हूँ/ मात्र भृत्य हूँ/ इसीलिए केवल सुनना मेरा स्वभाव है।' क्या आज भी जनता की यही स्थिति नहीं है। वह मूकद्रष्टा की भूमिका में होती है। जनता के सेवक के नाम पर शासन करनेवाले नेता और नौकरशाह अपने को अधिनायक समझने लगते हैं। लोकतन्त्र भी आज महज़ एक मज़ाक़ बनकर रह गया है। वंशवाद, परिवारवाद, जातिवाद, क्षेत्रवाद से आज सभी दल आप्लावित हैं। इन नेताओं के मनमानेपन से उद्विग्न होकर ही समाजवादी चिन्तक राममनोहर लोहिया ने कभी कहा था कि 'ज़िन्दा क़ौमें पाँच साल तक इन्तज़ार नहीं करतीं।' उन्हीं नेताओं का अपने को प्रतिनिधि कहनेवाले नेता आख़िर आज

क्या कर रहे हैं। दुर्भाग्यवश पुराने राजाओं-महाराजाओं की अनुकृति बनकर ही रह गये हैं हमारे आज के ये लोकतान्त्रिक पहरुए। जनता इन प्रतिनिधियों के ग़लत निर्णयों की चक्की में अनवरत पिसती रहती है। एक जगह सर्वहत कहता भी है—'शासन के ग़लत-सलत झोंकों के आगे भी/ फ़सलों-से विनयी हम बिछे रहे निर्विवाद/ हमारे व्यक्तित्व के लहलहाते हुए खेतों से होकर/ दक्ष ने बहुत-सी पगडण्डियाँ बनायीं / कर दीं सब फसलें बरबाद।'

परिवर्तन जगत् का नियम है। यह एक शाश्वत सत्य है। फिर भी हम परिवर्तनों के प्रति प्रायः दुराग्रही ही होते हैं। परम्परा हमें इतनी प्रिय लगने लगती है कि हम इन्हें ढोते रहने में तनिक भी असहजता महसूस नहीं करते। आम जनता की बात दीग़र है। हमारे चिन्तक, बुद्धिजीवी और नेता तक परम्पराओं, मान्यताओं और विचारों की लाशें ही ढोते रहने में गौरव महसूस करते हैं। ऐसा करनेवाले ख़ुद ही यह नहीं समझ पाते कि परम्पराओं की लाशें ढोनेवाले ख़ुद भी तो लाशें बन जाते हैं। 'परिवर्तन का विष पीना और पचाना सरल कहाँ होता है। यह कोई साधारण कार्य भी नहीं होता।' आम तौर पर नये सत्य के सम्मुख पड़ने या नये प्रश्नों से जूझने का माद्दा हममें नहीं होता। लेकिन समय अपनी गति से अनवरत प्रवहमान् रहता है। और जो भी कोई समय के माथ नहीं चलता समय उसे बड़ी बेरहमी से कूड़ेदान में फेंक देता है। अन्ततः समय के साथ ही चलनेवाले बचते हैं। और वही युग के प्रतिमान रचते हैं। परम्परा की लीक पर चलनेवाले पीछे छूट जाते हैं। एक दौर में धार्मिक चिन्तन ने जिन सत्यों को उद्घाटित किया था, विज्ञान ने आगे चलकर उन्हें ग़लत साबित कर दिया। ख़ुद विज्ञान भी समय के साथ अपने को हमेशा सुधारता रहता है। कोई नया सिद्धान्त उसके किसी पिछले सिद्धान्त को ग़लत साबित कर देता है। तर्कों की कसौटी पर ख़रा उतरनेवाले सिद्धान्त ही अन्ततः ग्राह्य होते हैं। लेकिन किसी भी धर्म के साथ विज्ञान जैसा यह लचीलापन नहीं दिखायी पड़ा। वह तो लगातार और येन-केन-प्रकारेण' अपने को श्रेष्ठ साबित करने-करवाने में ही लगा रहा। जिसकी वजह से धर्म लगातार औचित्यविहीन होता चला गया। आज स्थिति यह है कि धर्म विज्ञान का सहारा लेने के लिए विवश है जबकि विज्ञान को धर्म के किसी भी सहारे की कोई ज़रूरत नहीं। बुद्ध आज भी प्रासंगिक हैं तो इसीलिए कि उन्होंने 'आत्म दीपो भव' का उद्घोष किया था। आँख मूँदकर अनुयायियों से अपना अनुसरण करने के लिए नहीं कहा जैसा आम तौर पर धर्मों के मसीहा कहा करते हैं।

'एक कण्ठ विषपायी' समग्र रूप से इसीलिए एक महत्त्वपूर्ण काव्य-नाटिका बन पड़ी है कि इसमें अपने समय की समस्याओं से जूझने और टकराने का साहस-दुस्साहस मौजूद है। इसमें युग के सत्यों को जिस बेबाकी से उद्घाटित किया गया है उससे रचनाकार को 'सृजन का सुख' मिला है इसमें कोई संशय नहीं। वह सृजन-सुख जो अपने-आप में तमाम पीड़ाओं से भरा हुआ है लेकिन जो अन्तिम रूप में किसी भी रचनाकार के लिए एक उपलब्ध होता है। अन्ततः वही रचना कालजयी बन पाती है जो अपने समय के सन्दर्भों से दो-चार होती है। सौभाग्यवश 'एक कण्ठ विषपायी' का रचनाकार समय के साथ चलने को हमेशा उद्यत दिखायी पड़ता है। इसीलिए वह अपने प्रयोजन में सफल रहा है।

डॉ. सन्तोष कुमार चतुर्वेदी
सम्पादक : अनहद